21世纪经济管理新形态教材·会计学系列

Excel财务数据分析与应用
（微课版）

刘李福　李秋含 ◎ 主编

清华大学出版社
北京

内 容 简 介

本书以 Excel 2016 为工具，以财务会计及财务管理核心业务活动为主线，以"理论+实践"的方式，运用函数及图表等，循序渐进地介绍 Excel 2016 在账务处理、财务报表、薪酬管理、固定资产、成本费用管理、进销存管理、财务分析、资金筹集与投资管理及本量利分析等方面的具体应用，具有很强的实用性和操作性。本书运用 Excel 2016 实现对财务数据的处理、分析与决策的自动化与动态化，为读者提升财务业务技能和职业竞争力提供了强有力的支持。

本书可作为高等院校经济管理类专业相关课程的教材或学习参考书，也可作为企业会计人员、财务管理人员及财务数据分析人员的学习参考书。

本书封面贴有清华大学出版社防伪标签，无标签者不得销售。
版权所有，侵权必究。举报：010-62782989，beiqinquan@tup.tsinghua.edu.cn

图书在版编目（CIP）数据

Excel 财务数据分析与应用：微课版/刘李福，李秋含主编. —北京：清华大学出版社，2023.10
21 世纪经济管理新形态教材. 会计学系列
ISBN 978-7-302-64750-8

Ⅰ. ①E… Ⅱ. ①刘… ②李… Ⅲ. ①表处理软件–应用–财务管理–高等学校–教材 Ⅳ. ①F275-39

中国国家版本馆 CIP 数据核字(2023)第 192934 号

责任编辑：付潭娇
封面设计：李召霞
责任校对：宋玉莲
责任印制：丛怀宇

出版发行：清华大学出版社
网　　址：http://www.tup.com.cn, http://www.wqbook.com
地　　址：北京清华大学学研大厦 A 座
邮　　编：100084
社 总 机：010-83470000
邮　　购：010-62786544
投稿与读者服务：010-62776969, c-service@tup.tsinghua.edu.cn
质 量 反 馈：010-62772015, zhiliang@tup.tsinghua.edu.cn
课 件 下 载：http://www.tup.com.cn, 010-83470332

印 装 者：天津鑫丰华印务有限公司
经　　销：全国新华书店
开　　本：185mm×260mm
印　　张：14.5
字　　数：332 千字
版　　次：2023 年 10 月第 1 版
印　　次：2023 年 10 月第 1 次印刷
定　　价：49.80 元

产品编号：103521-01

前言

Microsoft Office Excel 简称 Excel，是美国微软公司基于 Windows 操作系统开发的电子表格软件，利用计算机制表并进行数据处理。作为 Office 系列软件中用于创建和维护电子表格的应用软件，它不仅具有强大的制表和绘图功能，而且还内置了数学、财务、统计和工程等多种函数，同时也提供了数据管理与分析等多种方法和工具。Excel 自问世以来广受财务人员的青睐，运用 Excel，用户可以进行各种数据处理、统计分析和辅助决策操作，因此其被广泛地运用于统计、会计和财务管理等工作中。应用 Excel 电子表格软件制作会计凭证、会计账簿、会计报表及管理职工薪酬、固定资产、进销存及财务管理等工作，不仅可以减少烦琐的重复计算，而且在建立好工作表之后，数据清单中的任意数据发生变化，Excel 便可自动重新计算出结果。使用 Excel 进行会计核算，一方面可以减少会计核算的工作量，另一方面可以降低财务成本，特别是可以满足中小型企业不用购置大型财务软件便可实现会计电算化的需求。目前，Excel 2016 以其全新的界面、更简洁的操作等优势，逐渐成为 Excel 应用最广泛的版本。

编写思路

本书结合 Excel 2016 的功能特色及财务数据分析工作的要求，以工作流程为导向，以一个财经类专业实习生在红日公司的实习经历为主线，循序渐进地安排教学内容，每个章节均分为多个典型任务来实施，并以图文并茂的方式，结合财务理论和详尽的操作步骤说明，向读者介绍 Excel 2016 技术特点和应用方法，介绍财务相关原理及概念，并配合大量典型实用的财务应用实例，帮助读者全面掌握 Excel 2016 在会计、财务管理及财务分析中的应用技术。全书共分为 10 章，每章由知识目标、能力目标、思政目标、情境导入、拓展实训及复习思考题组成。通过学习本书，读者不仅能够理解财务相关理论及 Excel 2016 基础知识，而且能够熟练地运用 Excel 2016 进行财务数据分析工作。

第 1 章主要让读者了解 Excel 2016 的工作界面，理解 Excel 基础知识，掌握单元格、工作表及工作簿编辑的操作方法，能够输入并处理财务数据，同时掌握公式、函数等功能在 Excel 中的应用，使读者对 Excel 的掌握再上一个新台阶，为后续学习奠定基础。

第 2 章结合会计工作的账务处理程序，在介绍账务处理相关知识后，分别讲解如何利用 Excel 2016 建账并设置账户，学会增加和删除会计科目，并能够美化会计科目，然后进行期初试算平衡，创建凭证模板的同时输入、审核记账凭证，最后完成编制总账、期末试算平衡及编制明细账等操作。

第 3 章运用 Excel 2016 编制资产负债表、利润表及现金流量表，在熟悉财务报表相关理论基础之上，进行资产负债表的编制与分析，然后通过创建利润表计算各利润项目，并利用图表的形式分析利润数据，最后创建现金流量表，并对现金流量各项目进行趋势分析。

第 4 章介绍 Excel 在薪酬管理流程中的应用，通过对职工薪酬的内容及计算等方面阐述，使读者了解职工薪酬相关理论，在此基础之上，创建基本信息表及工资结算单，并学会添加批注。此外，还对工资数据进行查询及统计分析，并完成工作条及工资发放表的制作。

第 5 章在理解固定资产相关概述的基础上，对固定资产进行管理与核算，包括合计固定资产卡片基本样式、定义固定资产折旧期限，并应用平均年限法、双倍余额递减法、年度总和法对固定资产折旧进行核算。此外对固定资产变更情况进行处理，最后完成对固定资产的编制工作，并查询及汇总分析固定资产数据。

第 6 章将 Excel 运用到成本费用管理中，利用成本预测知识，采用历史成本分析法和因素分析法编制成本分析表，以此对成本数据进行分析和预测，创建成本预测表及成本分析表，并将成本数据形成成本比例图，最后创建出费用统计表、费用预测表及费用变动图表。

第 7 章将 Excel 应用于采购管理、销售管理以及库存管理中，首先对进销存相关理论展开论述，使读者在了解相关专业知识的基础之上，通过创建采购申请单和销售统计表，对物资采购进行管理；其次对销售数据进行筛选及分析，最后对库存情况进行管理及统计分析。

第 8 章依照企业财务管理中常用比率指标，介绍财务分析基础知识，以此创建比率分析模型，并将财务比率应用到实例中。此外还利用数据透视表进行财务对比分析，同时利用图表对财务数据进行直观分析，为企业财务管理提供数据支持。

第 9 章利用 Excel 2016 进行资金筹集与投资管理，通过对资金筹集与投资管理的相关理论阐述，使读者了解资金预测分析方法和投资决策评价方法，为进行资金需要量预测奠定基础。在确定筹资数额之后，设计长期借款基本模型和筹资单变量决策模型，并分析资本成本及最优资本结构，最后对投资决策及其风险进行分析。

第 10 章通过本量利基本假设及分析数学模型的介绍，使读者在设定的销量、变动成本、固定成本和售价推算保本点的基础之上，能够创建出本量利分析模型，同时定量分析出企业成本、销量和利润三者之间的变化关系，创建本量利表及盈亏平衡分析表，最后通过创建滚动条窗体和散点图，将本量利数据直观提供给信息使用者。

本书特色

1. 融入思政元素，强化应用能力

紧贴信息时代特点和行业发展形势，融入思政元素，强化学生对知识的应用能力，拓宽学生视野，激发学习兴趣，培养科学精神。将纸质教材与数字资源有机融合，形成了新形态教材及完善的配套辅助产品。

2. 教学目标明确，符合初学者认知水平

教材应帮助学生从下意识地运用人生经验迈向有意识地主动运用专业知识。本书的编写正是以此为目标，不刻意强调内容的专业性，尽量避免枯燥或繁杂的财务相关公式推导，用与生活密切相关的案例给读者以启发。

3. 采用"工学结合"新模式，"教学做"一体化

本教材的设计基于会计及财务管理岗位工作的内容，将教、学、练、做融为一体，既是教师的教案，又是使用者的操作指导手册，真正实现了"做中学、学中做"的"工学结合"教学模式，非常符合职业教育重点培养学生技能的要求。

4. 突出职业特点，科学选取教学内容

在内容的选择上，突出课程内容的职业指向性，淡化课程内容的宽泛性；突出课程内容的实践性，淡化课程内容的理论性；突出课程内容的实用性，淡化课程内容的形式性；突出课程内容的时代性，避免课程内容的陈旧性。在介绍 Excel 操作技术的同时，涵盖了会计学及财务管理专业的相关知识，做到了专业教学、职业培训、技能训练"三位一体"的有机融合。

5. 提供配套精品微课，巩固学习效果

本书注重易懂性和扩展性，文中设计了"操作小技巧"栏目，拓展读者的操作技巧和解决读者在学习过程中可能遇到的问题，另外，本书提供了丰富的教学资源，不仅配备了和教材配套的资料包，同时还通过二维码的方式提供了知识点讲解，读者扫描二维码即可阅读，巩固学习效果。

本书理论知识实用清晰，知识点安排符合财务工作实际需要，并注重理论与实际操作相结合。本书既可用作大数据与会计、财务管理、会计电算化及信息管理等相关专业的教材，也可以供从事会计、财务管理、财务数据分析等工作的读者参考。

本书由刘李福、李秋含、隋东旭编写。具体分工如下：李秋含编写第 1 章、第 2 章、第 3 章、第 4 章、第 5 章、第 6 章；隋东旭编写第 7 章、第 8 章、第 9 章；刘李福编写第 10 章。

本书专注于用 Excel 2016 解决财务业务问题，兼顾职业知识、职业能力和职业道德，突出数字、图表的应用能力培养。本书对财务模型进行结构化处理，针对各类财务项目列出相关理论与知识、具体操作步骤。为启发学生思考，调动学生自主学习，本书还进一步安排了拓展师训及复习参考题，既便于掌握会计和财务管理知识的人员学习计算机应用知识，也便于掌握计算机知识的人员学习会计学和财务管理专业相关知识，有利于复合型卓越人才的培养。

编 者

2023 年 5 月

目 录

第 1 章 Excel 基础知识 ... 1
1.1 认识 Excel 2016 ... 2
1.2 工作簿与工作表操作 ... 8
1.3 单元格基本操作 ... 15
1.4 数据输入并编辑 ... 19
1.5 公式与函数的应用 ... 26
拓展实训 ... 29
即测即练 ... 30

第 2 章 Excel 在账务处理中的应用 ... 31
2.1 基础知识储备 ... 32
2.2 建账及设置账户 ... 33
2.3 试算平衡及制作记账凭证 ... 36
2.4 编制总账及明细账 ... 41
拓展实训 ... 46
即测即练 ... 46

第 3 章 Excel 在财务报表中的应用 ... 47
3.1 基础知识储备 ... 48
3.2 资产负债表编制与分析 ... 51
3.3 利润表编制及分析 ... 57
3.4 现金流量表创建及分析 ... 63
拓展实训 ... 68
即测即练 ... 68

第 4 章　Excel 在薪酬管理中的应用 ··· 69

4.1　基础知识储备 ·· 70
4.2　创建工资信息表 ·· 72
4.3　工资数据查询与统计分析 ··· 76
4.4　制作工资条和工资发放表 ··· 85
拓展实训 ·· 89
即测即练 ·· 90

第 5 章　Excel 在固定资产管理中的应用 ··· 91

5.1　基础知识储备 ·· 92
5.2　固定资产的管理与核算 ·· 94
5.3　固定资产的变更 ··· 107
拓展实训 ··· 112
即测即练 ··· 113

第 6 章　Excel 在成本费用管理中的应用 ·· 114

6.1　基础知识储备 ·· 115
6.2　成本管理与分析 ··· 117
6.3　费用统计与预测 ··· 129
拓展实训 ··· 141
即测即练 ··· 142

第 7 章　Excel 在进销存管理中的应用 ··· 143

7.1　基础知识储备 ·· 144
7.2　采购及销售管理 ··· 145
7.3　库存管理 ·· 156
拓展实训 ··· 171
即测即练 ··· 172

第 8 章　Excel 在财务分析中的应用 ··········· 173

  8.1　基础知识储备 ··········· 174

  8.2　财务分析初始化设置 ··········· 176

  8.3　财务对比分析 ··········· 183

  拓展实训 ··········· 190

  即测即练 ··········· 190

第 9 章　Excel 在筹资与投资管理中的应用 ··········· 191

  9.1　基础知识储备 ··········· 192

  9.2　筹资决策分析 ··········· 195

  9.3　资本结构分析 ··········· 201

  9.4　投资决策分析 ··········· 204

  拓展实训 ··········· 207

  即测即练 ··········· 208

第 10 章　Excel 在进销存核算管理中的应用 ··········· 209

  10.1　基础知识储备 ··········· 210

  10.2　本量利基本分析表 ··········· 212

  10.3　本量利动态分析表 ··········· 216

  拓展实训 ··········· 219

  即测即练 ··········· 220

参考文献 ··········· 221

第 1 章

Excel 基础知识

学习目标

知识目标：

1. 认识 Excel 2016 的工作界面、功能及基本结构；
2. 熟悉 Excel 2016 工作簿、工作表、行、列及单元格的基本操作；
3. 掌握 Excel 2016 基本数据处理操作：输入、修改、复制、粘贴、删除及撤销等；
4. 掌握 Excel 2016 常用公式与函数的基本用法。

能力目标：

1. 了解 Excel 2016 工作界面，掌握各工具的功能和使用方法；
2. 学会使用 Excel 2016 创建和编辑表格，对数据进行输入、编辑、复制、移动、撤销及恢复等操作；
3. 掌握 Excel 2016 处理数据和分析数据的功能，可以运用公式和函数处理数据，对工作表中的数据进行排序、筛选、分类汇总、统计和查询等操作。

学习重难点：

1. 掌握 Excel 2016 工作界面各工作窗口的功能；
2. 掌握 Excel 数据的输入及编辑方法；
3. 掌握运用公式和函数处理数据，并对数据进行排序、统计和查询等的操作方法。

工作情境与分析

小张是某职业学院会计学专业三年级的学生，即将到红日有限公司（以下简称红日公司）的财务岗位进行为期 6 个月的实习。由于该公司刚刚购买专用财务软件，并未投入使用，而手工记账烦琐且易出错，所以该公司计划从 2021 年 5 月开始使用 Excel 2016 进行会计核算工作。小张为了适应该岗位要求，决定开始学习 Excel 2016 的基础知识和技能。要想学好 Excel 2016 的基础知识和技能，需完成以下几个任务：认识 Excel 2016→操作工作簿与工作表→操作单元格→输入与编辑数据→使用公式和函数。

1.1 认识 Excel 2016

1.1.1 Excel 2016 的启动与退出

启动代表一项程序的开始，而退出则代表一项程序的结束。在 Excel 2016 的各种操作中，启动与退出是最基础的操作。启动 Excel 2016 有很多种方法，每种方法的操作步骤、效果和效率均有所不同。

1. Excel 2016 的启动

Excel 2016 常用的 3 种启动方法。

方法一：通过"搜索"功能启动 Excel，这是在 Windows 操作系统中打开应用软件最常用的方法，适用于打开所有已安装的应用软件。具体步骤如下。

步骤 1：单击电脑任务栏中的搜索图标，打开搜索对话框，并将光标移动至"应用"图标，如图 1-1 所示。

步骤 2：单击"应用"图标，在搜索对话框中输入"Excel"，菜单中自动显示的最佳匹配结果为"Excel 2016 桌面应用"图标，如图 1-2 所示。

图 1-1 打开搜索对话框

图 1-2 搜索 Excel 2016

步骤 3：单击"Excel 2016"图标启用常用模板，选择"空白工作簿"模板，然后单击鼠标左键，即可创建工作簿文件，如图 1-3 所示。

图 1-3　创建工作簿（方法一）

方法二：双击计算机桌面上的 Excel 2016 快捷方式图标。选择"空白工作簿"模板，然后单击鼠标左键，即可创建工作簿文件，如图 1-4 所示。

图 1-4　创建工作簿（方法二）

方法三：在计算机桌面空白处单击鼠标右键，在弹出的快捷菜单中选择"新建"命令，在弹出的子菜单中选择"Microsoft Excel 工作表"命令，计算机桌面上将出现新建的 Excel 2016 工作表，如图 1-5 所示。

图 1-5　创建工作簿（方法三）

2. Excel 2016 的退出

Excel 2016 常用的 3 种退出方法。

方法一：单击 Excel 2016 工作界面右上角的"关闭"按钮，即可关闭文件并退出 Excel

软件，如图 1-6 所示。

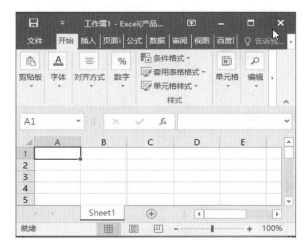

图 1-6　退出工作簿（方法一）

方法二：用鼠标右键单击任务栏中的 Excel 图标，打开菜单选项，点击"关闭窗口"，即可关闭文件并退出 Excel 软件，如图 1-7 所示。

方法三：在 Excel 2016 中按"Alt+F4"组合键后，即可退出 Excel 软件。

图 1-7　退出工作簿（方法二）

1.1.2　Excel 2016 工作界面介绍

在 Excel 中，可以根据需要创建很多工作簿，可以在工作簿中执行各种操作，主要通过工作界面上的按钮完成。Excel 2016 工作界面主要由标题栏、自定义快速访问工具栏、"文件"选项卡、功能区选项卡、编辑栏、工作表编辑区、工作表标签、滚动条与滚动框、状态栏和缩放滑块等部分组成，如图 1-8 所示。

1. 标题栏

标题栏位于 Excel 窗口的最上方，用于显示当前工作界面所属程序和文件的名称，如图 1-8 所示，"工作簿 1-Excel"即为 Excel 2016 中打开的一个空工作簿的系统暂定名。标题栏右端列示控制 Excel 窗口的按钮，从左到右依次为最小化按钮、最大化按钮和关闭按钮，这些按钮统称为控制按钮，用来控制工作簿窗口的状态。

2. 自定义快速访问工具栏

自定义快速访问工具栏放置常用的命令按钮，帮助用户快速完成工作，用户可以根据需要自行添加常用命令，如"保存""撤销""新建"等。

3. "文件"选项卡

"文件"选项卡提供了"新建""打开""另存为""打印""关闭"等基本操作，通过该选项卡可以进行新建、打开、另存为、打印和关闭工作簿等。

第1章 Excel 基础知识

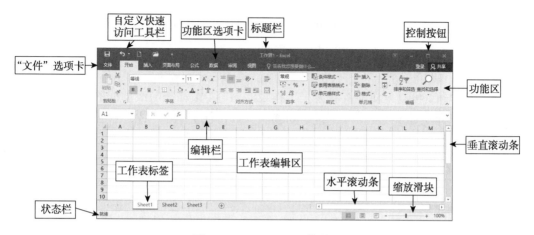

图 1-8　Excel 2016 工作界面

4．功能区选项卡

选项卡：Excel 2016 中所有的操作命令都包含在对应的选项卡中，默认包含了 7 个选项卡，分别为"开始""插入""页面布局""公式""数据""审阅""视图"。各个选项卡又包含若干工作组，每个工作组中又包含一些具体的操作命令。

功能区：为了方便用户使用，Excel 2016 把大量的操作命令都布置在功能区中，功能区按照不同的功能细分成若干个工作组。当我们要进行某项操作时，只需先单击功能区上方的选项卡，然后选择相应的操作命令。当把鼠标指针停放在命令按钮上时，系统会自动显示出该按钮的功能提示，同时，还可以单击不同工作组右下方的按钮打开相应的对话框来进行更多操作。

5．编辑栏

编辑栏从左到右依次是名称框、工具按钮和编辑区。名称框中可显示当前单元格的地址（也称单元格的名称）或者在输入公式时用于从下拉列表中选择常用数。当在单元格中编辑数据者公式时，名称框右侧的工具按钮就会出现取消按钮"×"、输入按钮"√"和插入函数按钮" f_x "，分别用于撤销和确认在当前单元格中所进行的操作。编辑区也称为公式框区，用于显示当前单元格中的内容，也可以直接在框内对当前单元格进行输入和编辑操作。

6．工作表编辑区

工作表编辑区是由暗灰线组成的表格区域，位于编辑栏的下方。表格中行与列的交叉部分叫作单元格，它是组成表格的最小单位，单个数据的输入和修改都是在单元格中进行的。工作表编辑区的左上角是全选按钮、底部是工作表标签，它们用于进行单元格和工作表的编辑操作。全选按钮位于行标签与列标签的交叉位置，单击该按钮可全选工作表中的全部单元格。另外，按住"Ctrl+A"组合键也可以实现该操作。

7．工作表标签

工作簿中包含了若干个工作表，每个工作表都有其对应的名称。工作表名称显示在工作表标签上，单击工作表标签即可进行工作表的切换，双击工作表标签即可重命名该工作表。

8. 滚动条与滚动框

利用滚动条，可以方便地查看整个工作表的内容。滚动条与滚动框的使用方法如下。
（1）用鼠标左键单击上、下、左、右箭头，表格往上、下、左、右各移动一个单位。
（2）拖曳滚动条，移到想要的位置。
（3）用鼠标左键单击滚动框，如在滚动框上方区域处单击，则往上移动一个屏幕；在滚动框下方区域处单击，则往下移动一个屏幕，左右移动方式与之类似。

9. 状态栏

状态栏位于工作界面左下方，显示当前数据的编辑情况，包括"就绪""输入""编辑"3种状态。单击鼠标右键，在弹出的快捷菜单中可以更改状态栏所显示的信息。

10. 缩放滑块

拖曳缩放滑块可以缩放整个工作表编辑区，调整页面显示效果及显示比例。

1.1.3　Excel 2016 的新功能

与以前的版本相比，Excel 2016 在界面外观上没有明显的变化，但在一些细节上进行了一些优化。

1. 智能帮助功能

Excel 2016 提供了全新 Office 助手，用户可以单击 Excel 2016 功能界面"标题栏"的 "操作说明搜索"，在文本框中输入需要提供帮助的内容，就会出现相关操作指南及智能帮助。例如，在该文本框中输入"表格插入"，在弹出的列表框中就会出现"插入工作表列""插入图标""插入表格"等，另外，还可以获取有关表格插入的帮助等，如图 1-9 所示。该功能可以帮助 Excel 初学者快速获取所需功能的操作方法，有利于初学者全面提升 Excel 的学习效率。

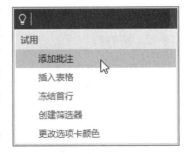

图 1-9　操作说明搜索

2. 数据分析功能

Excel 2016 在原有的数据分析、规划求解、模拟分析等数据分析工具的基础上，增加了 Power Query（注意：预安装里没有，需要用户自行安装）工具。该工具可以实现多数据源导入、多数据表关系管理及数据模型的自定义设计，强化了数据的管理与分析功能。同时，Excel 2016 增加了预测功能与预测函数，用户可以根据数据分析的要求，结合历史与目前的数据信息，预测未来数据的发展趋势。这满足了会计核算是基础、控制是保障、预测与决策是最终目标的职能要求，为会计向管理发展提供了条件。本书对 Power Query 工具不做具体介绍，请读者结合自身学习与工作实际，参考相关资料，自行学习与实践。同时，Excel 2016 还可以与 Power BI 相结合，使数据分析功能更强大、更方便。有兴趣的同学可以自行学习微软公司的 Power BI 独立软件。

3. 函数智能化提示

Excel 2016 在以前版本提供的财务、逻辑、文本、日期和时间、查找与引用、数学和三角函数、其他函数的基础上，增加了 MINMAXIFS（回指定条件下的最小/最大值）、CONCAT（连接多个单元格或区域中的内容）、DATEDIF（以指定的方式统计两个时间段的差值）、DATESTRING（将各种类型的日期转换为"年月日"的形式）等函数，使数据处理更加方便与简单。同时，Excel 2016 会根据输入的函数任何位置的字符串，显示相关匹配函数提示（以前版本只会与函数开头字符匹配），该功能使用户使用函数更加方便、快捷。例如，在单元格中输入公式"=log"，则会出现图 1-10 所示的匹配函数提示。

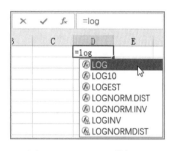

图 1-10 匹配函数提示

4. 增加了多种图表

Excel 2016 增加了旭日图、箱形图和瀑布图等多种图表，如图 1-11 所示。其中，箱形图用来显示一组数据的分散情况，旭日图用来表示各数据层次占比，瀑布图用来表示多个特定数值之间的数量变化关系。用户还可以根据数据分析需求，自行从 Microsoft Office 官方网站下载其他图表模板。同时，Excel 2016 还可以与 Power BI 相结合，使图表分析功能更强大。

图 1-11 Excel 2016 新增图表

5. 跨平台应用

从 Office 2013 开始，微软办公系列软件就实现了个人计算机端与手机移动端的协作，让用户可以随时随地进行移动办公。Excel 2016 在 Excel 2013 的基础上，进一步强化 Excel 的跨平台应用，用户可以在多种移动电子设备上对 Excel 文件进行审阅、编辑、分析与演示。

6. 其他功能

除上述新增功能外，Excel 2016 还增加了检测链接的安全性、复制内容随时粘贴、插入联机图片、操作语音提示等功能。

1.2 工作簿与工作表操作

1.2.1 新建和保存工作簿

在 Excel 中，文档又被称为工作簿，工作簿是存储并处理数据、数据运算公式、数据格式等信息的文件。要掌握 Excel 的基本操作，首先要学会如何管理 Excel 工作簿。具体来看，工作簿的基本操作主要包括新建工作簿、保存工作簿、打开工作簿、关闭工作簿等。

1. 新建工作簿

启动 Excel 2016 时，程序为我们提供了多项选择，可以通过"最近使用的文档"选项快速打开最近使用过的工作簿，可以通过"打开其他工作簿"命令浏览本地计算机或云共享中的其他工作簿，也可以根据需要新建工作簿。下面介绍新建工作簿的两种主要方法。

1）新建空白工作簿

在 Excel 2016 中，如果要新建空白工作簿，可以通过以下步骤实现。

步骤 1：启动 Excel 2016 程序，双击计算机桌面上的 Excel 快捷方式图标，然后单击右侧"空白工作簿"图标，如图 1-12 所示。

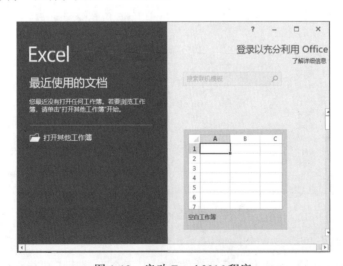

图 1-12　启动 Excel 2016 程序

步骤2：新建空白工作簿，此时系统将自动创建一个名为"工作簿1"的工作簿文件，如图1-13所示。

图1-13　新建空白工作簿

2）根据模板创建工作簿

Excel 2016中为用户提供了许多工作簿模板，通过这些模板可以快速创建具有特定格式的文档。下面以通过模板新建"公司每月预算"工作簿为例，展示具体创建方法如下。

步骤1：启动Excel 2016程序，双击计算机桌面上的Excel快捷方式图标，然后单击右侧"公司每月预算"图标，如图1-14所示。

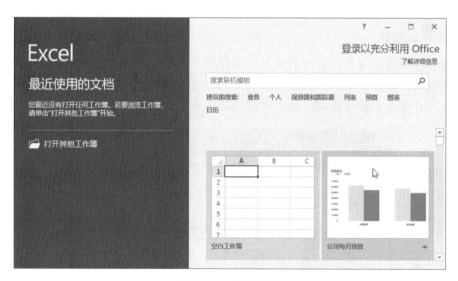

图1-14　选择模板

步骤2：弹出"公司每月预算"模板对话框，在对话框中有该模板的相关信息的介绍，单击"创建"按钮，即可根据该模板创建新工作簿，如图1-15所示。

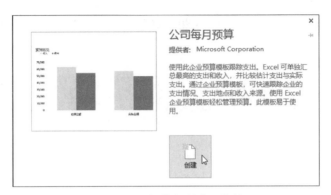

图 1-15　根据模板创建工作簿

步骤 3：创建的新工作簿最终效果图如图 1-16 所示。

图 1-16　工作簿效果图

2. 保存工作簿

创建工作簿后，用户需要将其保存，避免编辑的数据丢失，造成损失。下面介绍保存工作簿的具体操作方法。

方法一：单击"快速访问工具栏"中的"保存"按钮，如图 1-17 所示。

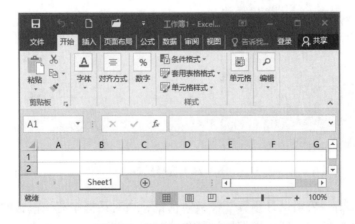

图 1-17　保存工作簿（方法一）

方法二：执行"文件"选项卡中的"另存为"命令，单击"浏览"选项按钮，如图 1-18 所示。

在弹出的"另存为"对话框中，设置文件的保存路径，在"文件名"后的文本框中输入文件名及保存类型，最后单击"保存"按钮即可，如图 1-19 所示。

图 1-18　单击"浏览"选项

图 1-19　保存工作簿（方法二）

1.2.2　打开和退出工作簿

当用户需要查看或者编辑已有的内容，就需要打开工作簿。当用户不再使用打开的工作簿时，就可以将其关闭，具体操作介绍如下。

1. 打开工作簿

常用的打开工作簿的方法有以下几种。

方法一：在"计算机"窗口中，找到要打开的工作簿文件，然后双击图标，即可快速打开已保存的工作簿。

方法二：在 Excel 2016 窗口中，单击"文件"按钮，自动切换至"打开"面板，然后单击"最近"命令，在右侧的窗格中即可单击要打开的工作簿，如图 1-20 所示。

方法三：在 Excel 2016 窗口中，单击"文件"按钮，自动切换至"打开"面板，在右侧窗格中单击"浏览"按钮，如图 1-21 所示。

图 1-20　打开工作簿（方法二）

图 1-21　切换"打开"面板

在弹出的"打开"对话框中找到并选中要打开的工作簿文件，然后单击"打开"按钮即可，如图1-22所示。

图1-22　打开工作簿（方法三）

2. 关闭工作簿

关闭工作簿最简单的方法就是直接退出Excel 2016程序，这种方法会将所有打开的工作簿都关闭。除了这种方法，用户还可以通过标题栏、窗口控制按钮、"文件"菜单、任务栏等方法来关闭当前打开的工作簿。

方法一：通过标题栏关闭当前打开的工作簿。打开原始文件，在标题栏的任意位置右击，在弹出的快捷菜单中单击"关闭"命令，如图1-23所示。或者直接按下"Alt+F4"组合键，即可关闭当前工作簿。

方法二：通过视图窗口中的命令关闭当前工作簿。单击"文件"按钮，然后在弹出的视图窗口中单击"关闭"命令，也可快速关闭当前工作簿，如图1-24所示。

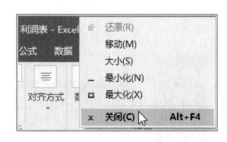

图1-23　关闭工作簿（方法一）

图1-24　关闭工作簿（方法二）

方法三：通过窗口控制按钮关闭当前工作簿。直接单击工作簿窗口右上角的"关闭"按钮，也可将其关闭，如图1-25所示。

方法四：通过任务栏按钮关闭当前工作簿。在任务栏右击打开的工作簿图标，然后在弹出的快捷菜单中单击"关闭窗口"命令，也可将其关闭，如图1-26所示。

图 1-25 关闭工作簿（方法三）

图 1-26 关闭工作簿（方法四）

1.2.3 插入和删除工作表

Excel 2016 中，工作表是一个由行和列组成的表格，工作簿是工作表的集合。默认情况下，一个 Excel 工作簿中包含 1 个工作表。但如果用户实际需要使用的工作表数目较多时，可以自行在工作簿中进行添加。对于不再使用的工作表，可以将其删除。

1. 插入工作表

方法一：在 Excel 功能区的"开始"选项卡中找到"单元格"组，单击"插入"选项，选择"插入工作表"命令，如图 1-27 所示。

方法二：单击工作表标签右侧的"⊕"按钮，在工作表的末尾处可快速插入新工作表，如图 1-28 所示。

方法三：在当前工作表的标签上单击鼠标右键，在弹出的快捷菜单中选择"插入"命令，如图 1-29 所示。

方法四：在弹出的"插入"对话框中选择工作表，单击"确定"按钮，即可成功插入工作表，如图 1-30 所示。

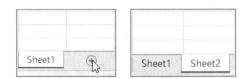

图 1-27 插入工作表（方法一）

图 1-28 插入工作表（方法二）

2. 删除工作表

在编辑工作簿时，如果工作簿中存在多余的工作表，可以将其删除。工作表一旦删除无法恢复，删除时应谨慎。删除工作表主要有以下两种方法。

方法一：在工作簿窗口中，用鼠标右键单击需要删除的工作表标签，在弹出的快捷菜单中单击"删除"命令，如图 1-31 所示。

图 1-29 插入工作表（方法三）

方法二：选中需要删除的工作表，在"开始"选项卡的"单元格"组中，单击"删除"右侧下拉菜单，执行"删除工作表"命令，如图 1-32 所示。

图 1-30 插入工作表（方法四）

图 1-31 删除工作表（方法一）

图 1-32 删除工作表（方法二）

1.2.4 移动或复制工作表

1. 移动工作表

1）在同一个工作簿中移动或复制工作表

选择工作表用鼠标拖动工作表标签，可以改变工作表在同一工作簿中的排列顺序。选中工作表后，按住"Ctrl"键的同时用鼠标拖动工作表标签，可以复制这个工作表。原工作表名称加一个带括号的序号即是新工作表的名称。

2）在不同工作簿中复制或移动工作表

右击想要移动的工作表标签，在弹出的快捷菜单中选择"移动或复制"命令，打开"移动或复制工作表"对话框，确定将选定工作表移至工作簿的名称，然后单击"确定"按钮，则所选定的工作表移动到目标工作簿，原工作簿中对应的工作表将被删除，如图 1-33 所示。

2. 复制工作表

复制工作表与移动工作表的方法类似，不同的是在"移动或复制工作表"对话框中，单击"确定"按钮之前，应先勾选"建立副本"复选框，如图 1-34 所示。

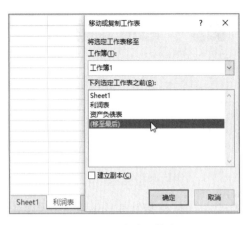
图 1-33 移动工作表

图 1-34 复制工作表

1.2.5 隐藏与显示工作表

用户在编辑工作表过程中,如果不想表中的重要数据信息外露,可以将数据所在的工作表隐藏,待需要时再将其显示出来。隐藏工作表的方法主要有以下两种。

方法一:选中想要隐藏的工作表,单击"开始"选项卡中的"单元格"组中的"格式"下拉按钮,在弹出的下拉菜单中选择"隐藏和取消隐藏"命令,然后在扩展菜单中选择"隐藏工作表"命令即可,具体操作如图 1-35 所示。

方法二:在工作表标签上单击鼠标右键,在弹出的快捷菜单中选择"隐藏"命令,如图 1-36 所示。

图 1-35 隐藏工作表(方法一)

图 1-36 隐藏工作表(方法二)

1.3 单元格基本操作

1.3.1 选择单元格及区域

在输入数据前,用户需要学会选择单元格的方法,这是输入数据的基础。选择单元格或单元格区域包括 4 种情况：一是选择一个单元格；二是选择整行或整列；三是选择连续区域；四是选择不连续单元格。

1. 选择一个单元格

将鼠标指针移至要选择的单元格处，此时鼠标指针变成"✥"形状，单击即可选择该单元格，如图 1-37 所示为选中单元格 A1 的效果。

2. 选择整行或整列

图 1-37　选择一个单元格

将鼠标指针移至需选择行或列的行号或列标上，当鼠标指针变成箭头形状图标的时候，单击鼠标左键即可选择该行或该列的所有单元格，如图 1-38 所示为选择整行单元格和整列单元格。

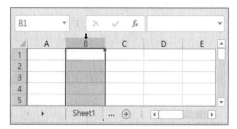

图 1-38　选择整行或者整列

3. 选择连续区域

首先选中需选择范围内最左上角的单元格，然后按住鼠标左键不放并拖动至需选择范围内最右下角的单元格，释放鼠标，即可选中拖动过程中所选的全部单元格，如图 1-39 所示。

4. 选择不连续单元格

按住"Ctrl"键不放，用鼠标选择需要的单元格或单元格区域即可，如图 1-40 所示。

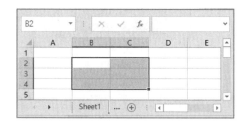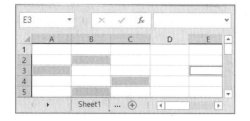

图 1-39　选择连续区域　　　　　　　图 1-40　选择不连续单元格

1.3.2　调整行高和列宽

新建工作表时，所有单元格都具有相同的高度和宽度，但实际应用中往往需要根据内容的多少、字符的大小进行调整。调整行和列的尺寸有两种方法：一是通过"行高"或"列宽"对话框精确设置，二是用鼠标拖动调整。调整行高和列宽的方法类似，下面就以调整列宽为例进行介绍。

1. 设置精确的列宽

通过"列宽"对话框可对单元格的列宽进行精确设置，具体操作方法如下。

步骤 1：选择要调整尺寸的列。打开原始文件，首先选择要调整尺寸的列，例如选择 B 列，然后单击"列宽"选项。单击"开始"选项卡下"单元格"组中的"格式"按钮，在展开的下拉列表中单击"列宽"选项，如图 1-41 所示。

图 1-41　调整列宽

步骤 2：输入列宽值。弹出"列宽"对话框，在"列宽"文本框中输入精确的列宽值，例如输入"15"，然后单击"确定"按钮，如图 1-42 所示。

步骤 3：显示调整后的列宽。返回工作表中可看到 B 列明显变宽，并且能够将单元格内容完整显示出来，如图 1-43 所示。

图 1-42　输入列宽值　　　　　　　　　图 1-43　显示调整后的列宽

2. 拖动鼠标调整列宽

拖动鼠标调整列宽是最直观便捷的方法，用户可直接将列宽拖动至需要的位置，具体操作方法如下。

步骤 1：放置鼠标指针。将鼠标指针移至 A 列和 B 列的间隔线处，其形状会变成"✛"，如图 1-44 所示。

步骤 2：拖动鼠标。按下鼠标左键不放并向右拖动，如图 1-45 所示。

步骤 3：显示调整后的宽度。拖曳至宽度 15 的位置后释放鼠标左键，此时 A 列单元格与 B 列单元格宽度就相同了，如图 1-46 所示。

| 图 1-44 放置鼠标指针 | 图 1-45 拖动鼠标 | 图 1-46 显示调整后的宽度 |

3. 自动调整行高和列宽

Excel 提供了自动调整行高和列宽的功能，程序会根据单元格中内容的多少自动调整行高和列宽，首先选择要调整的行或列，然后单击"开始"选项卡下"单元格"组中的"格式"按钮，最后在展开的下拉列表中单击"自动调整行高"或"自动调整列宽"选项，如图 1-47 所示。

图 1-47 自动调整行高和列宽

1.3.3 合并单元格

在编辑表格的过程中，有时会遇到需将一些单元格合并成一个单元格的情况，此时可以使用单元格的合并功能进行操作，以达到美化表格、突出显示数据等目的。

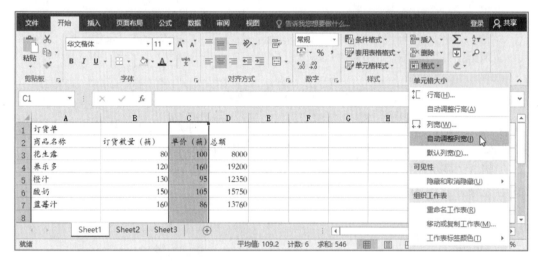

图 1-48 选择合并区域

步骤 1：选择要合并的单元格区域。打开原始文件，选择要合并的单元格区域，例如选择标题行单元格区域 A1:D1，如图 1-48 所示。

步骤 2：启动合并单元格功能。单击"开始"选项卡下"对齐方式"组中"合并后居中"右侧的下三角按钮，在展开的下拉列表中单击"合并后居中"选项，如图 1-49 所示。

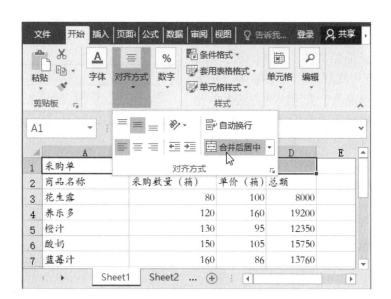

图 1-49　启动合并单元格功能

步骤 3：合并为一个单元格。此时单元格区域 A1:D1 合并为了一个单元格，并将其中的文本居中显示，效果如图 1-50 所示。

图 1-50　合并单元格

1.4　数据输入并编辑

1.4.1　输入及修改数据

　　输入数据是创建表格的基础，不同用户的需求不同，对数据的要求也不尽相同，财务工作人员常用的数据包括文本、数值、货币性数据或时间和日期等。此外，在制作表格过程中，若单元格中的数据是部分错误，可在单元格中进行修改；若单元格中的全部内容都出现错误，可重新输入。

1. 输入数据

步骤 1：打开原始文件，选中单元格 A3，将输入法切换至中文状态，然后输入"花生露"，按下回车键确认，采用这种方法在单元格 A4 至 A7 分别输入"养乐多""椰汁""酸奶""汽水"等文本数据，如图 1-51 所示。

步骤 2：输入日期。选中单元格 B3，在其中输入日期"2021-2-1"，然后按下"Enter"键，此时单元格 B3 中的日期显示为"2021/2/1"，如图 1-52 所示。

图 1-51　输入文本数据

图 1-52　输入日期

步骤 3：输入中文日期。也可以输入中文日期，例如选中单元格 B4，在其中输入"2月6日"，如图 1-53 所示。

步骤 4：继续在 B 列中输入销售日期"2021-3-7""2021-5-10""2021-6-1"，输入完毕后选择所输入的日期，如图 1-54 所示。

图 1-53　输入中文日期

图 1-54　选择修改数字类型的单元格

步骤 5：单击"数字"组的对话框启动器。单击"开始"选项卡下"数字"组的对话框启动器，如图 1-55 所示。

步骤 6：弹出"设置单元格格式"对话框，在"数字"选项卡下的"分类"列表框中选择"日期"类别，然后在"类型"列表框中选择要统一应用的日期类型，例如选"3月14日"样式，如图 1-56 所示。

步骤 7：输入数值。单击"确定"按钮，返回工作表中，就可以看到 B 列中的日期都统一为了短中文日期样式。然后在 C 列和 D 列对应的单元格中输入销量和单价数值，如图 1-57 所示。

图 1-55　打开数字启动器

图 1-56　选择日期类型

步骤 8：选择单元格区域 C3:C7，单击"数字"组的对话框启动器1弹出"设置单元格格式"对话框，在"数字"选项卡下的"分类"列表框中选择"数值"类别，然后在"小数位数"文本框中输入要保留的小数位数，例如输入"2"，即保留 2 位小数，设置完毕后单击"确定"按钮，如图 1-58 所示。

步骤 9：选择单元格区域 D3:D7，单击"数字"组的对话框启动器，在弹出的"设置单元格格式"对话框中选择"货币"类别，在"小数位数"文本框中输入保留的小数位数，例如输入"2"，即保留 2 位小数，如图 1-59 所示。

图 1-57　输入数值

图 1-58　设置小数型数据

图 1-59　设置货币型数据

图 1-60　显示设置效果

配套资源
第 1 章\提货单—原始文件
第 1 章\修改数据—最终效果

步骤 10：单击"确定"按钮返回工作表中，此时，"销量"列数据自动保留 2 位小数，"单价"列数据前面自动添加了货币符号"¥"，并保留 2 位小数，效果如图 1-60 所示。

2. 修改数据

步骤 1：选择要修改的数据。打开原始文件，双击要修改数据所在的单元格，这里双击单元格 A6，选择单元格中的"青岛"二字，如图 1-61 所示。

步骤 2：重新输入正确的数据"哈尔滨"，如图 1-62 所示。

步骤 3：输入完毕后按下"Enter"键确认修改的数据，如图 1-63 所示。

步骤 4：若需修改整个单元格的数据，首先选中该单元格，例如选中单元格 A7，然后重新输入数据"郎酒"，如图 1-64 所示。

步骤 5：按下"Enter"键，确认对单元格 A7 中数据的修改，修改后的效果如图 1-65 所示。

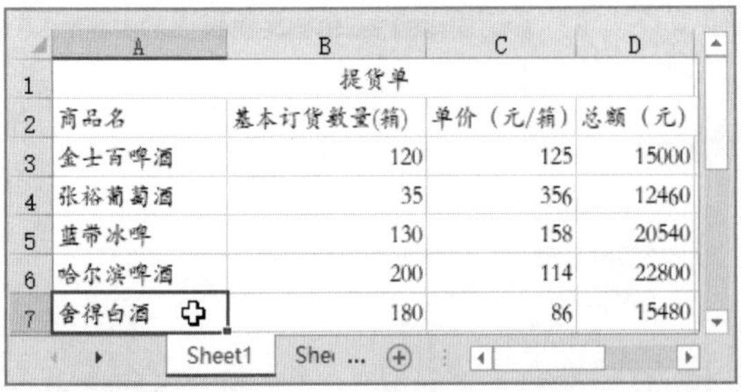

图 1-61　选择要修改的数据

图 1-62　重新输入数据　　　　　　图 1-63　确认修改

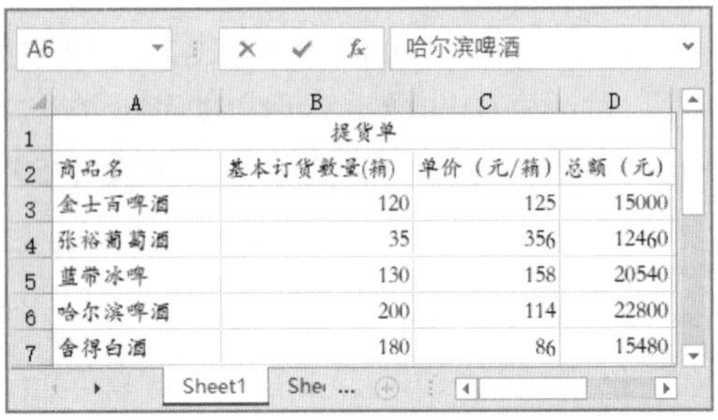

图 1-64　选中单元格并重新输入数据　　　　图 1-65　确认修改

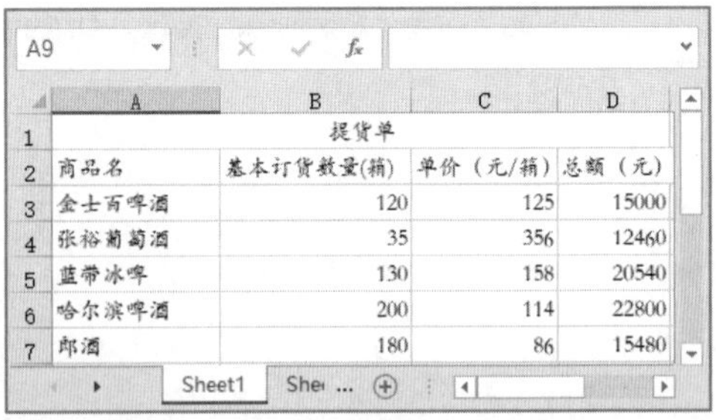

1.4.2 移动及复制数据

移动单元格区域数据是指将某个单元格或单元格区域中的数据移动到指定的位置；复制单元格区域数据是指将某个单元格或单元格区域中的数据复制到指定的位置，原位置的数据仍然存在。

步骤 1：首先打开原始文件，在单元格 D3 中输入"台"，然后将光标放置在单元格 D3 四周的绿色框线上，光标会变成态形状，如图 1-66 所示。

步骤 2：按住鼠标左键拖动至单元格 D5，如图 1-67 所示。

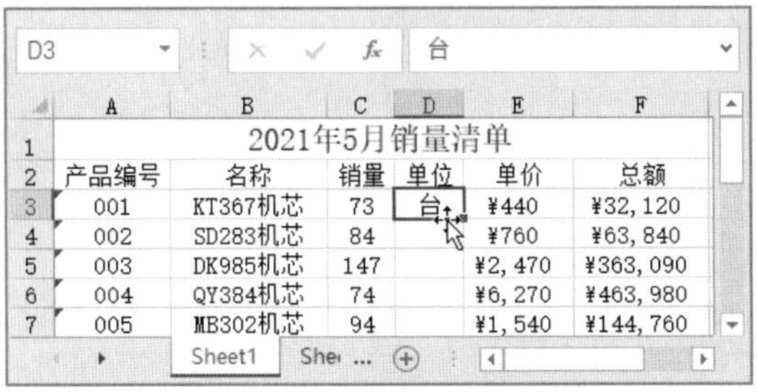

图 1-66　选择要移动的数据 　　　　图 1-67　拖动单元格

步骤 3：释放鼠标左键，单元格 D3 中的数据"台"被移动到了单元格 D5 中，如图 1-68 所示。

步骤 4：若需要复制数据，可在拖动前按住"Ctrl"键，然后再往下拖动。例如，按住"Ctrl"键将单元格 D3 拖曳至单元格 D6，如图 1-69 所示。

图 1-68　显示移动数据的结果　　　　图 1-69　复制单元格数据

步骤 5：释放鼠标左键，单元格 D3 中的数据被复制到了单元格 D6 中，单元格 D3 中的数据保持不变，如图 1-70 所示。

图 1-70　复制数据结果

1.4.3 选择性粘贴数据

在实际工作中，若不需要粘贴单元格中的全部数据，而只需粘贴单元格中的格式、公式等，可以使用 Excel 提供的选择性粘贴功能，选择需粘贴的选项即可。

步骤 1：复制数据。打开原始文件，选择要复制的数据所在的区域，例如选择单元格区域 B2:F2，单击"开始"选项卡下"剪贴板"组中的"复制"按钮，如图 1-71 所示。

图 1-71 复制数据

步骤 2：选择要粘贴的位置后，单击"粘贴"的下三角按钮，在展开的下拉列表中选择粘贴选项，例如单击"无边框"图标，如图 1-72 所示。

步骤 3：此时在单元格区域 B9:F9 中显示了粘贴的结果，可以看到粘贴的数据已经没有了边框，如图 1-73 所示。

图 1-72 选择粘贴选项

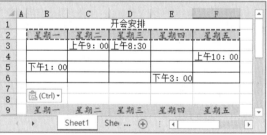

图 1-73 显示选择性粘贴的结果

1.4.4 删除单元格数据

如果不再需要表格中的数据，可以将其删除。删除数据与删除单元格在 Excel 中是两个完全不同的概念，前者是删除单元格中的数据但保留单元格，而后者是将单元格和其中的数据一并删除。下面介绍如何同时删除多个单元格数据。

步骤 1：打开原始文件，然后选择要删除数据所在的区域，例如选择单元格区域 A5:D5，如图 1-74 所示。

图 1-74　选择要删除的区域

步骤 2：首先单击"开始"选项卡下"编辑"组中的"清除"按钮，然后在展开的下拉列表中单击"清除内容"选项，如图 1-75 所示。

图 1-75　执行删除操作

步骤 3：此时所选区域的数据被删除，如图 1-76 所示。

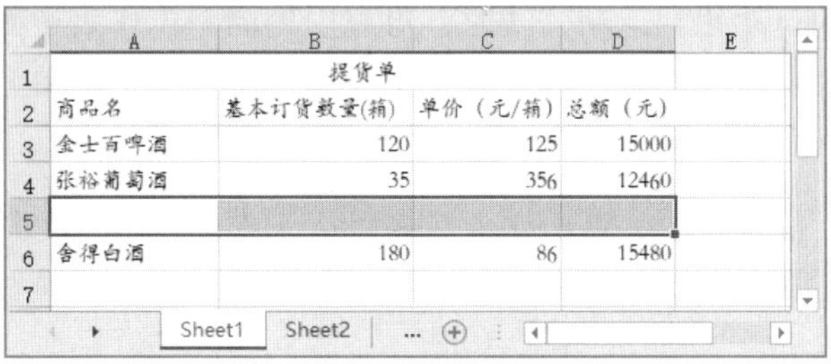

图 1-76　显示清除内容的效果图

1.4.5　撤销及恢复操作

在编辑工作表时，有时可能会出现错误，此时可以使用撤销和恢复操作，撤销或恢复到需要的编辑步骤后再继续编辑，避免了重新制作表格的麻烦。

撤销操作能让表格还原到执行错误操作前的状态。其操作方法是单击"快速访问"工具栏中的"撤销"按钮 ，或者单击其右侧的下三角按钮，在展开的下拉列表中可以选择返回到某一具体操作前的状态，如图1-77所示。

只有执行了撤销操作后，"恢复"按钮才会变成可用状态。恢复操作就是让表格恢复到执行撤销操作前的状态。其操作方法是单击"快速访问"工具栏中的"恢复"按钮，或者单击其右侧的下三角按钮，在展开的下拉列表中选择恢复到某一具体操作后的状态，如图1-78所示。

图1-77 撤销操作

图1-78 恢复操作

1.5 公式与函数的应用

1.5.1 公式及其应用

在实际工作中，经常会遇到某些较为复杂的计算，人工计算可能会导致结果不准确，在Excel 2016中运用函数可以很好地解决这个问题。Excel 2016为方便用户进行计算，几乎提供了所有的函数，包括财务函数、日期与时间函数、数学与三角函数、统计函数、查找与引用函数等，其中财务人员经常使用的是财务函数，它可以进行数据的简单求和、现值和终值的计算及固定资产折旧额的计算等，减少了财务人员的核算时间。

公式可以用来执行各种运算，如加法、减法或比较工作表数值。灵活地运用公式，可以实现数据处理的自动化。运用公式时，可以引用同一工作表中的其他单元格、同一工作簿中不同工作表中的单元格，或者其他工作簿的工作表中的单元格。

1. 公式的构成

公式由运算符、常量、单元格引用值、名称、工作表函数等元素构成。

（1）运算符。运算符包括算术运算符、比较运算符、文本运算符、括号和引用运算符。

①算术运算符包括：+（加号）、-（减号或负号）、*（星号或乘号）、/（除号）、%（百分号）、^（乘方），用于完成基本的数学运算，返回值为数值。例如，在单元格中输入"=5+2^2"后，按"Enter"键确认，结果是9。

②比较运算符包括：=（等于）、>（大于）、<（小于）、>=（大于等于）、<=（小于

等于）、<>（不等于）。符号两边为同类数据时才能进行比较，其运算结果是"True"或"False"。例如，在单元格中输入"=5<6"，结果是"True"。

③文本运算符是&（连接）符号，符号两边均为文本型数据时才能连接，连接的结果仍是文本型数据。例如，在单元格中输入"="职业"&"学院""（注意文本输入时需加英文半角引号）后按"Enter"键，结果是"职业学院"。

④括号"()"用于表示优先运算。

⑤引用运算符包括空格、逗号和冒号。空格为交叉运算符，逗号","为联合运算符，冒号"："为区域运算符。

按照比较运算符、文本运算符、算术运算符、引用运算符和括号的顺序排列，优先级越来越高。对于同类运算符，顿号分隔的运算符为相同优先级，以分号为界时为不同优先级，分号右边的运算符优先于左边的运算符。

（2）常量。常量是数学函数中的某一个量，它不会根据公式或函数的变化而变化。常量包括整型常量、实型常量和字符常量等。

（3）单元格引用值。单元格引用是 Excel 2010 中的术语，指的是单元格在工作表中的坐标位置。在工作表中输入函数时，经常需要引用其他单元格中的数值。选择引用数值的单元格，当单元格周围出现闪烁的框线时，则表明该单元格已被引用。

（4）名称。名称是指公式的名字，如面积"S"、周长"C"等。

（5）工作表函数。工作表函数是指使用于工作表中的函数，有直接在单元格中输入函数和单击工具栏上的"插入函数"按钮左两种输入方法。

2．编辑公式

选择需要输入公式的单元格，输入以等号"="或加号"+"为开头的公式，然后输入公式名或表达式。输入运算符时，注意优先级和前后数据类型，公式中不能有多余的空格。按"Enter"键或单击输入按钮"√"完成输入，单击取消按钮"×"取消输入。

3．求和公式的使用

在"产品销售表"工作表后插入一张新工作表，并重命名为"小组同学成绩表"。求和计算的操作方法为：选择 G3 单元格，输入"=D3+E3+F3"后按"Enter"键，得到结果 277，如图 1-31 所示。

输入公式时需要注意：第一，运算符必须在英文半角状态下输入；第二，公式的运算尽量使用单元格地址，以便于复制引用公式。公式中单元格的地址可以用键盘输入，也可以选择单元格得到相应的单元格地址。

4．相对引用和绝对引用

单元格的引用是为了把单元格中的数据和公式联系起来，标识工作表中的单元格或单元格区域，指明公式中使用数据的位置。单元格的引用有相对引用和绝对引用两种基本方式，也存在合引用的高级方式默认方式是相对引用。

（1）相对引用。相对地址是以某一特定单元格为基准来对其他单元格进行定位。相对地址的表示方法为"A5""C8"等，用行、列地址作为它的名字。第 3 列第 8 行单格的相对地址 C8，第 2 列第 2 行到第 8 列第 12 行单元格区域的相对地址为 B2:H12。

相对引用是指公式中的参数以单元格的相对地址表示，复制或移动包含公式的单元格时，单元格的引用会随着公式所在单元格位置的改变而改变。例如，A4 单元格中用了相对引用，公式为"=A1+A2+A3"，将公式复制到 B4 单元格，则 B4 单元格中的公式为"=B1+B2+B3"。

（2）绝对引用。绝对地址则为某些单元格在工作表中的确切位置。绝对地址的表示方法为"$A$5""$C$8"等，用行、列地址加"$"作为名字。第 3 列第 8 行单元格的绝对地址为$C$8，第 2 列第 2 行到第 8 列第 12 行单元格区域的绝对地址为$B$2:$H$12。

绝对引用是指公式中的参数以单元格的绝对地址表示，复制或移动含公式的单元格时，公式中的绝对引用不会随公式所在单元格位置的改变而改变。例如，C4 单元格中用了绝对引用，公式为"=$C$1+$C$2+$C$3"。将该公式复制到 D4 单元格，则 D4 单元格中的公式为"=$C$1+$C$2+$C$3"，没有发生变化。

（3）混合引用。混合引用是指需要固定行引用而改变列引用，或固定列引用而改变行引用，如$B5、B$5。混合引用综合了相对引用与绝对引用的效果。例如，E4 单元格中用了混合引用，公式为"=E$1+$E2+E$3"，将该公式复制到 F5 单元格，则 F5 单元格中的公式为"=F$1+$E3+F$3"。

若要快速改变单元格的引用方法，可将鼠标指针移至编辑栏中需要改变的引用地址，按"F4"键，每按一次"F4"键即改变一次表示方法。

1.5.2 常用函数及其应用

函数是预定义的内置模式，可以在公式中直接调用。其格式为函数名（参数 1，参数 2，…）Excel 2016 提供了 300 多种函数，涉及数学、统计学、财务等各个方面，功能比较齐全，可以进行各种复杂的计算、检索和数据处理。

（1）数学函数，如 ROUND（四舍五入函数）、ABS（取绝对值函数）等。

（2）统计函数，如 AVERAGE（算术平均值函数）、MIN（求最小值函数）。

（3）日期与时间函数，如 TODAY（当前日期函数）、NOW（当前日期和时间函数）等。

（4）逻辑函数，如 AND（逻辑与函数）、NOT（逻辑非函数）、OR（逻辑或函数）等。

1．函数输入

方法一：直接输入。选择需要输入公式的单元格，输入"="，然后按照函数的语法直接输入。例如，要在 A6 单元格中输入 A1:A5 单元格区域的求和函数，可以选择 A6 单元格，输入"=SUM(A1:A5)"。

方法二：使用"插入函数"按钮。例如，要在 B6 单元格中输入 B1:B5 单元格区域的平均值函数，可以选择 B6 单元格，在编辑栏右侧单击"插入函数"按钮，在打开的"插入函数"对话框中选择求平均值的 AVERAGE 函数，再选择需求平均值的 B1:B5 单元格区域，单击"确定"按钮。

方法三：单击"公式"选项卡下"函数库"组中的插入函数按钮" f_x "。例如，要在 B6

单元格中输入 B1:B5 单元格区域的平均值函数,可以选择 B6 单元格,单击"公式"选项卡下"函数库"组中的"插入函数"按钮" f_x ",打开"插入函数"对话框,其余步骤同上。

2. 常用函数简介

常用的逻辑类函数是条件函数 IF,其格式为 IF(logical_test, value if true, value_if false)。IF 的功能是执行真假值判断,根据逻辑测试的真假值,返回不同的结果。IF 函数可以用来对数值和公式进行条件检测。

常用的数学与三角类函数是 SUM 函数,利用 SUM 函数可以计算出指定区域中数据的总和。使用这个函数时,要在函数名 SUM 面的括号中输入用冒号隔开的地址,如 SUM(B4:E4)。冒号前的地址是指定区域的起点单元格的地址,冒号后面的地址是指定区域的终点单元格的地址。

常用的统计类函数是 AVERAGE 函数。利用 AVERAGE 函数,可以计算指定区域中数据的平均值。输入这个函数时,要在函数名 AVERAGE 后面的括号中输入用冒号隔开的两个单元格地址,如同求和函数。

拓展实训

一、实训目的

1. 掌握 Excel 2016 启动和退出等基本操作。
2. 学会 Excel 2016 工作表建立及编辑的基本操作方法。
3. 掌握数据填充、筛选、排序等基本操作。
4. 学会图表的创建,掌握常用图表的编辑、修改。

二、实训资料

自行设计一个班的期末考试成绩统计表,如下图所示。

三、实训要求

1. 启动 Excel 2016，建立一个工作簿文件，并将其命名为"成绩统计表"。
2. 把 sheet1 重命名为"学生成绩表"，输入标题和列表之后输入 10 条记录。
3. 将第 A1 单元格的内容作为表格标题居中。
4. 选择 A3:E13 单元格区域，设置行高为 20，列宽为 12，字体为"楷体_GB2312"，字号为 16。
5. 选择 E4:E13 单元格区域，输入公式"＝C4＋D4"，并向下填充。
6. 选择 E4:E13 单元格区域，按升序方式进行排序。
7. 将 A3:E13 单元格区域中的内容设为水平居中。

即测即练

自学自测　扫描此码

第 2 章

Excel 在账务处理中的应用

学习目标

知识目标：

1. 了解使用 Excel 2016 实现账务电算化的步骤和方法；
2. 掌握 SUMIF 函数、IF 函数、VLOOKUP 函数和 LEFT 函数的格式。

能力目标：

1. 学会使用 Excel 2016 进行账务处理的操作；
2. 学会使用 Excel 2016 生成总账、明细账等操作。

学习重难点：

1. 掌握使用 Excel 2016 创建会计科目；
2. 掌握期初数据的输入及试算平衡方法；
3. 掌握运用 Excel 2016 编制总账及明细账等操作。

工作情境与分析

小张在熟练掌握 Excel 2016 的基础操作之后，开始尝试使用 Excel 2016 进行建账，红日公司 2021 年 5 月的账务处理流程需要分为 5 个步骤：使用 Excel 2016 建立一个工作簿，并在该工作簿中建立若干张工作表，分别用来存放该公司的会计科目及其期初余额、记账凭证，以及根据记账凭证自动生成的总账和明细账。设置账户即建立"2105 会计科目及余额表"工作表；输入期初余额。在"2105 会计科目及余额表"工作表中输入公司各个会计科目的期初数据，并在数据输入后实现试算平衡；输入记账凭证。输入记账凭证即建立"2105 凭证"工作表，在此工作表中输入该公司 5 月份所有业务的记账凭证。生成总账。建立总账表，在此工作表中汇总该公司 5 月份所有记账凭证的数据，并根据记账凭证自动生成总账；生成明细账。建立明细账表，并在此工作表中利用 Excel 2016 的数据透视表功能自动生成该公司 5 月份的明细账。即建账→设置账户输入期初余额→输入记账凭证→生成总账→生成明细账。

2.1 基础知识储备

2.1.1 账户及会计科目概述

会计科目与账户，是会计在从事财务工作时，必须记录的两个项目。设置会计科目，是设置账户、账务处理所遵循的规则和依据，而账户的设置，则能够反映会计要素的增减变动及结余情况，因此两者缺一不可。

会计科目与账户，是会计在从事财务工作时，必须记录的两个项目。设置会计科目，是设置账户、账务处理所遵循的规则和依据。

账户的设置，能够反映会计要素的增减变动及结余情况，因此两者缺一不可。设置会计科目就是根据会计对象的具体内容和经济管理的要求，事先规定分类核算的项目或标志的一种专门方法。

会计账户是根据会计科目设置的，具有一定的结构和格式，用来对会计对象的具体内容进行分类核算和监督的一种工具。设置账户的作用在于：能够反映会计要素的增减变动及结余情况。

会计科目与账户的联系与区别如下。

1）联系

（1）账户是根据会计科目设置，会计科目是账户的名称。

（2）二者开设的目的一致，都是为了对经济业务进行分类、整理，以提供管理所需要的会计信息。

（3）二者的内容相同。

2）区别

（1）会计科目和账户的具体作用不同

（2）会计科目和账户制定或设置的方法不同

2.1.2 记账凭证的内容及种类

记账凭证的基本内容包括：①记账凭证的名称，如"收款凭证""付款凭证""转账凭证"。②填制记账凭证的日期。③记账凭证的编号。④经济业务内容摘要和原始凭证及有关资料的张数。⑤经济业务所涉及的会计科目（包括一级科目、二级科目或明细科目）及其记账方向。⑥经济业务的金额。⑦记账标记。⑧填制、审核、记账、出纳和会计主管等人员的签章。

根据记账凭证使用范围的不同，大致可以分为以下几类。

（一）按其用途分类

记账凭证按其用途可以分为专用记账凭证和通用记账凭证。

（1）专用记账凭证，是指分类反映经济业务的记账凭证。这种记账凭证按其反映经济业务的内容不同，又可以分为收款凭证、付款凭证和转账凭证。

①收款凭证。收款凭证是指用于记录现金和银行存款收款业务的会计凭证。
②付款凭证。付款凭证是指用于记录现金和银行存款付款业务的会计凭证。
③转账凭证。转账凭证是指用于记录不涉及现金和银行存款业务的会计凭证。
（2）通用记账凭证，是指用来反映所有业务的记账凭证。

（二）按其填列会计科目的数目分类

记账凭证按其填列会计科目的数目分类，可以分为单式记账凭证和复式记账凭证两类。

（1）单式记账凭证。单式记账凭证是指每一张记账凭证只填列经济业务事项所涉及的一个会计科目及其金额的记账凭证。填列借方科目的称为借项凭证，填列贷方科目的称为贷项凭证。

（2）复式记账凭证。复式记账凭证是指将每一笔经济业务事项所涉及的全部会计科目及其发生额均在同一张记账凭证中反映的一种凭证。

2.1.3 总账及明细账

总账是总分类账的简称，是指根据总分类科目（一级科目）开设账户，用来登记全部经济业务，进行总分类核算，提供总括核算资料的分类账簿。总账所提供的核算资料是编制会计报表的主要依据，任何单位都必须设置总账。其项目包括科目编码、科目名称、期初借贷余额、本期借贷发生额和期末借贷余额。

明细账是明细分类账的简称，是指根据总分类科目设置的，由其所属的明细分类科目开设的明细分类账户组成，用于记录某一类经济业务明细核算资料的分类账簿，能提供有关经济业务的详细资料。明细账应根据经济业务的种类规定和经营管理的要求分别设置。按其外表形式，明细账可分为活页式账簿和订本式账簿；按其账页：格式，明细账可分为三栏式明细分类账簿、数量金额式明细分类账簿和多栏式明细分类账簿。

财务报表有多种，分为主表与副表，一般主表根据总分类账填写，反映企业一个时期内的经营状况。会计根据原始凭证填制记账凭证，在根据记账凭证登记明细账；把记账凭证进行汇总，制作科目汇总表，以此登记总账；期末将总账与明细账核对，明细账再与实物核对，做到账账相符、账实相符。

2.2 建账及设置账户

2.2.1 建立工作簿及工作表

建立工作簿和工作表的操作步骤如下。
步骤1：启动 Excel 2016，总账工作簿"总账.xlsx"。
步骤2：双击工作表 Sheet1 标签，输入新的工作表名称"封面"。

下载资源
第2章\无—原始文件
第2章\总账工作簿—最终效果

步骤 3：在"封面"工作表中输入"单位名称：红日公司；启用日期：2021 年 5 月 1 日；单位地址：吉林省长春市腾飞路 881 号",如图 2-1 所示。

图 2-1　输入封面信息

步骤 4：将 Sheet2 工作表重命名为"2105 会计科目及余额表"。
步骤 5：将 Sheet3 工作表重命名为"凭证模板"。
步骤 6：增加工作表 Sheet4、Sheet5、Sheet6，分别重命名为"2105 凭证""2105 总账及试算平衡表""2105 明细账"，结果如图 2-2 所示。

图 2-2　建账

2.2.2　创建会计科目

会计科目表是指企业按照经济业务内容和经济管理要求，对会计要素的具体内容进行分类核算的会计科目所构成的集合。同时，为了编制会计凭证、查阅账目等，还应为每

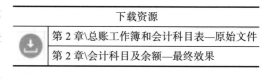

一个会计科目设定一个固定的科目编码，科目编码能清晰地反映会计科目的所属类别及其位置。建立会计科目表的操作步骤如下。

步骤 1：打开原始文件中的"会计科目表"，然后在"2105 会计科目及余额表"工作表的 A1 单元格中输入"科目编码"，在 B1 单元格中输入"科目名称"。选择 A 列，设置单元格格式为"文本"格式，在 C1 单元格输入"期初借方余额"，在 D1 单元格输入"期初贷方余额"，并将各列标题加粗，如图 2-3 所示。

步骤 2：在"2105 会计科目及余额表"工作表的 A2:A79 单元格区域中，根据原始文件给定的"会计科目表"，分别输入新会计准则体系的科目编码及相应的子科目编码，在 B2:B79 单元格区域中分别输入新会计准则体系的科目名称及相应的子科目名称，如图 2-4 所示。

图 2-3 设置文本格式

图 2-4 输入科目编码及名称

2.2.3 增加和删除会计科目

如果需要增加一个会计科目，则应选择需要插入会计科目位置的下一行，单击鼠标右键，在弹出的快捷菜单中选择"插入"命令，即插入新的一行，在插入的新行中输入新的会计科目。

如果需要删除一个会计科目，则选择需要删除的行，单击鼠标右键，在弹出的快捷菜单中选择"删除"命令即可。

2.3 试算平衡及制作记账凭证

2.3.1 输入期初余额

输入期初余额,即在"2105 会计科目及余额表"工作表中输入 2021 年 5 月各账户期初数据,并实现试算平衡。在输入期初数据时,需注意总分类科目余额与下级明细科目余额之间的关系:总分类账科目余额=下级明细科目余额之和。

下载资源
第 2 章\余额表模板及余额数据表—原始文件
第 2 章\余额表—最终效果

打开原始文件中的"余额表模板",定义有明细分类科目的总分类科目的计算公式。由于在输入金额时只要求输入最低级细分类科目的余额,总分类科目的余额会根据设置的公式进行计算,因此,总分类科目的单元格值是通过其他单元格数据加总得出的。在下列单元格内输入公式:C3=C4+C5;C6=C7+C8;C11=C12+C13+C14;C17=C18+C19;C22=C23+C24;C26=C27;C37=C38+C39;C40=C41+C42;C43=C44+C48+C49+C50+C51;C54=C55+C56;C58=C59;C60=C61;C65=C66+C67,然后把 C 列的公式复制到 D 列。根据"余额数据表"中的金额,将红日公司 2021 年 5 月会计科目(非总分类科目)的期初余额输入该工作表中,如图 2-5 所示。

图 2-5 输入期初余额

2.3.2 期初试算平衡

试算平衡即通过对公司所有账户的发生额和余额的汇总进行计算和比较,以检查账户记录是否正确的有效方法，运用该方法可以提高账簿记录的准确性，及时发现错误之处。下面进行试算平衡的操作。

步骤 1：在 C80 单元格中输入"="，在编辑栏中单击"插入函数"按钮左，打开"插入函数"对话框，选择类别为"全部"，在"选择函数"列表框中选择 SUMIF 选项，按照下图输入参数后单击"确定"按钮，得出借方余额之和为 10711050，如图 2-6 所示。

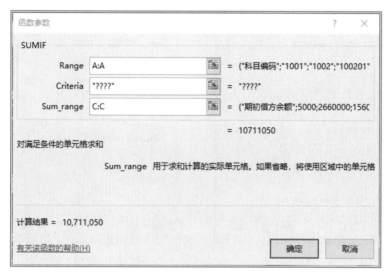

图 2-6　"函数参数"对话框

步骤 2：选择 D80 单元格，输入"=SUMIF($A:$A,"????",D:D)"，然后按"确认"键，便可得到贷方余额之和为 10711050，借贷方期初余额相等即试算平衡，如图 2-7 所示。

图 2-7　试算平衡表效果图

2.3.3　创建凭证模板

填制记账凭证前，需要准备一个模板，通过在模板中填入相关信息来减少大量重复性的工作，提高工作效率。模板一般包括凭证日期科目编码、会计科目、借方与贷方的金额、制单人、审核人、记账人等内容其余内容可根据具体情况进行增减。下面进行制作凭证模板的操作。

步骤 1：选择 B2 单元格（即"凭证日期"下的第一个单元格），再单击"数据"选项卡下"数据工具"组中的数据验证按钮" "，打开"数据验证"对话框，按照图 2-8 所示，在"设置"选项卡下设置日期的范围，最后使用自动填充法设置本列的其他单元格。

步骤 2：单击"输入信息"选项卡，在"输入信息"文本框中输入"请输入日期，格式为 YYYY-MM-DD"，如图 2-9 所示，单击"确定"按钮完成设置。

图 2-8　设置日期的范围　　　　　　图 2-9　设置日期的输入信息

步骤 3：按照"凭证日期"列的数据有效性设置方法，分别为"附件""摘要"等列设置数据有效性。"附件"列只允许输入整数，范围为 0~1000，在"输入信息"文本框中输入"请输入 0~1000 的整数！"；"摘要"列只允许输入文本，范围为 1~50 个字，在"输入信息"文本框中输入"请输入 50 个字以内的摘要！"。"科目编码"列的数据有效性区别于以上各列的数据有效性，需要先对 A 列区域定义名称，再设置数据有效性。单击"公式"项卡下"定义的名称"组中的"定义名称"按钮，在打开的列表中选择"定义名称"选项，定义一个名为"科目编号"的名称，这个名称指定"科目编码"列的取数区域为"2105 会计科目及余额表"工作表的 A 列区域，即"引用位置"为"='2105 会计科目及余额表'!$A:$A"，如图 2-10 所示。

步骤 4：单击"数据"选项卡下"数据工具"组中的数据验证按钮" "，打开"数据验证"对话框，在"设置"选项卡下的"允许"下拉列表框中选择"序列"选项，在"来源"文本框中输入"=科目编码"（数据来源就是刚才设置的名称"科目编码"），同时要选中"忽略空值"和"提供下拉箭头"复选框，如图 2-11 所示；单击"输入信息"选

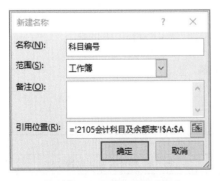

图 2-10　定义科目编号名称

项卡,在"输入信息"文本框中输入"输入一级科目左对齐,输入下级科目右对齐!",以便在输入会计科目时清晰地区分一级科目和下级科目。数据有效性设置好后,当用户输入凭证时,只需单击右侧的下拉按钮就可以轻松选择会计科目编码,这对于不熟悉科目编码的用户来说会方便很多。

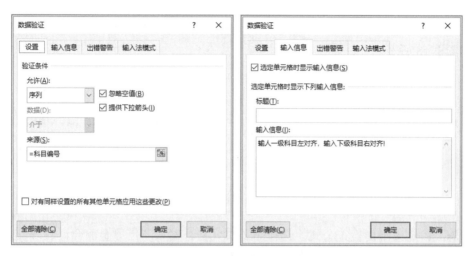

图 2-11 设置科目编号的数据有效性

步骤 5:在 F 单元格输入"总账科目"列的取值公式"=VLOOKUP(LEFT(E2,4),'2105 会计科目及余额表'!A:B,2,0)"。在 G2 单元格输入"明细科目"列的取值公式为"=VLOOKUP(E2,'2105 会计科目及余额表'!A:B,2,0)"。以上单元格自动显示#N/A,经过以上设置,就完成了凭证模板的制作,效果如图 2-12 所示。

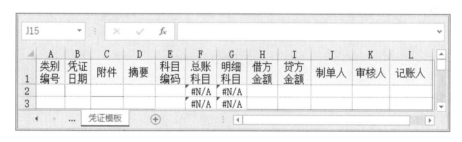

图 2-12 凭证模板

2.3.4 输入记账凭证

模板制作好之后,就可以根据公司当月发生的具体经济业务填制记账凭证,会计人员在填制记账凭证时应认真、仔细,不可填制未发生的经济业务,也不可以遗漏已发生的经济业务。下面进行输入记账凭证的操作。

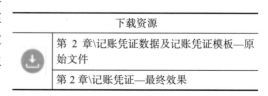

下载资源
第 2 章\记账凭证数据及记账凭证模板—原始文件
第 2 章\记账凭证—最终效果

步骤 1:根据凭证模板,制作记账凭证,

在"凭证模板"工作表后新建工作表并复制内容，重新命名为"2105 凭证"；如果是一借多贷、一贷多借或多借多贷，可直接在模板中插入所需的行数再输入分录。根据公司发生的业务输入会计分录。选择 A2 单元格输入"记001"；选择 B2 单元格，输入"2021/5/1"；选择 C2 单元格，输入"2"；选择 D2 单元格，输入"支付汇票"；选择 E2 单元格，输入或选择"2201"；选择 H2 单元格，输入"100000"；选择 J2 单元格，输入"李*"，审核人输入"王*"，记账人"张*"。采用同样的方式按照"记账凭证数据"输入全部业务内容，如图 2-13 所示。

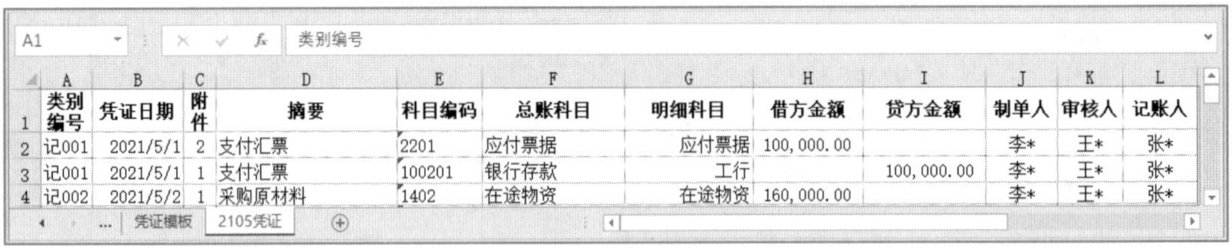

图 2-13 输入凭证

步骤 2：定义平衡检查公式，选择 N2 单元格，输入"借方金额合计数"；选择 O2 单元格，输入"=SUM(H:H)"。选择 N3 单元格，输入"贷方金额合计数"；选择 O3 单元格，输入"=SUM(I:I)"，如图 2-14 所示。

图 2-14 合计数计算效果图

2.3.5 审核凭证与过账

在进行手工账务处理时，必须根据手工记账凭证登记账簿，使用 Excel 2016 输入凭证的过程就是登记电子账簿的过程。为了确保输入无误，在处理过程中，凭证的审核和记账显得尤为重要。

审核是指由具有审核权限的操作员按照会计制度规定，对制单人填制的记账凭证进行审核，目的是防止错弊，凭证审核后才能进行记账处理。审核凭证时，可直接根据原始凭证核对计算机中的记账凭证，并在凭证上的审核栏中填入审核人的名字或代码。

Excel 2016 是一个电子表格软件，凭证都放在数据清单中，为了清晰地表明凭证是否审核或是否记账，可以灵活地使用为单元格填充颜色的方法表示是否审核或是记账。例如，无填充颜色表示未审核，蓝色填充表示已经审核，黄色填充表示已经记账。当然，颜色可以根据个人喜好自由选择，目的是区分是否审核或记账。例如，图 2-15 所示的工作表中分别标识了凭证输入、审核和记账 3 种状态。

图 2-15　审核凭证与过账

2.4　编制总账及明细账

2.4.1　编制总分类账及试算平衡

输入记账凭证并审核记账后，就可以制作总账及试算平衡表了，操作如下。

步骤 1：打开"总分类账"工作簿，复制"2105 会计科目及余额表"工作表中的 A1:D80 单元格区域。选择"2105 总账及试算

	下载资源
	第 2 章\总分类账—原始文件
	第 2 章\总账及试算平衡—最终效果

平衡表"工作表中的 A1 单元格，单击鼠标右键，在弹出的快捷菜单中选择"选择性粘贴"命令，打开"选择性粘贴"对话框，选中"值和数字格式"单选项后单击"确定"按钮。选择 E1 单元格，输入"本期借方发生额合计"；选择 F1 单元格，输入"本期贷方发生额合计"；选择 G1 单元格，输入"期末借方余额"；选择 H1 单元格，输入"期末贷方余额"，选择 A1:H49 单元格区域，设置边框类型为"所有框线"，如图 2-16 所示。

步骤 2：设置 E2 单元格的公式为"=SUMIF('2105 凭证'!F:F,B2,'2105 凭证'!H:H)"。其含义是：在"2105 凭证!F:F"范围内查找出科目名称为"库存现金"的行，并对所在行的 H 列（即借方发生额）进行求和；设置 F2 单元格的公式为"=SUMIF('2105 凭证'!F:F,B2,'2105 凭证'!I:I)"。其含义是：在"2105 凭证!F:F"范围内查找出科目名称为"库存现金"的行，并对所在行的 I 列（即贷方发生额进行求和；设置 G2 单元格的公式为"=IF((C2–D2)+(E2–F2)>=0,(C2–D2)+(E2–F2),0)"；设置 H2 单元格的公式为"=IF((C2–D2)+(E2–F2)<0,ABS((C2–D2)+(E2–F2)),0)"，如图 2-17 所示。

图 2-16　录入数据

图 2-17　录入余额计算公式

步骤 3：将 E2 单元格的公式纵向填充至 E48 单元格；将 F2 单元格的公式纵向填充至 F48 单元格；将 G2 单元格的公式纵向填充至 G48 单元格；将 H2 单元格的公式纵向填充至 H48 单元格。选择 E49 单元格，输入"=SUM(E2:E48)"，并将公式横向填充至 H49 单元格。选择 I2 单元格，单击"视图"选项卡下"窗口"组中的"冻结窗格"按钮，将 A1:H1 单元格区域、H 列及内容固定在原来位置，不随行列的翻动而隐藏。通过以上操作，即完成了"2105 总账及试算平衡表"工作表的制作，最终结果如图 2-18 所示。

科目编码	科目名称	期初借方余额	期初贷方余额	本期借方发生额合计	本期贷方发生额合计	期末借方余额	期末贷方余额
2241	其他应付款		57,600	0	0	0	57,600
2501	长期借款	0	1,600,000	0	10,000	0	1,610,000
4001	实收资本		6,000,000	0	0	0	6,000,000
4002	资本公积		593,000	0	0	0	593,000
4101	盈余公积	0	250,000	0	0	0	250,000
4103	本年利润			790,434	1,005,000	0	214,566
4104	利润分配		212,400	0	0	0	212,400
5001	生产成本	0	0	1,104,900	1,104,900	0	0
5101	制造费用			91,400	91,400	0	0
6001	主营业务收入			1,000,000	1,000,000	0	0
6111	投资收益			5,000	5,000	0	0
6401	主营业务成本			600,000	600,000	0	0
6402	其他业务成本			0	0	0	0
6403	税金及附加			8,511	8,511	0	0
6601	销售费用			20,000	20,000	0	0
6602	管理费用			47,100	47,100	0	0
6603	财务费用			24,000	24,000	0	0
6702	信用减值损失			600	600	0	0
6711	营业外支出			18,700	18,700	0	0
6801	所得税费用			71,522	71,522	0	0
合计		10,711,050	10,711,050	9,145,381	9,145,381	10,741,239	10,741,239

图 2-18　总账及试算平衡表效果图

2.4.2　编制明细分类账

明细账是在总账的基础上生成的，其中数据与填制的记账凭证密不可分，所以在生成明细账前，一定要确保记账凭证的准确性，否则会影响之后的操作。

步骤 1：选择 "2105 明细账" 工作表中的 A3 单元格，单击 "插入" 选项卡下 "表格" 组中的数据透视表按钮 " "，打开 "创建数据透视表" 对话框，在 "选择一个表或区域" 文本框中输入要汇总的数据区域 "2105 凭证'!\$A\$1:\$L\$100"，选中 "现有工作表" 单选项，引用单元格地址为 "2105 明细账'!\$A\$3"，如图 2-19 所示。

步骤 2：将 "数据透视表字段表" 任务窗格中的 "凭证日期" 字段添加到 "行标签" 区

图 2-19　创建数据透视表

域，或者在"凭证日期"字段处单击鼠标右键，在弹出的快捷菜单中选择"添加到行标签"命令。使用相同的操作方法，将"类别编号""摘要""科目编码""总账科目"这4个字段都添加到"行标签"区域（可通过单击各项目名称后面的倒三角符号调整顺序），将"明细田科目"字段添加到"报表筛选"区域，将"借方金额"和"贷方金额"两个字段添加到"∑数值"区域，如图2-20所示。

步骤3：选择数据透视表中任意一个单元格，单击鼠标右键，在弹出的快捷菜单中选择"数据透视表选项"命令。打开"数据透视表选项"对话框，选择"显示"选项卡，选中"经典数据透视表布局（启用网格中的字段拖放）"复选框，单击确定按钮，如图2-21所示。

图2-20 设置数据透视表的各区域字段　　图2-21 经典数据透视表布局效果图

步骤4：整理数据透视表，把分类汇总去掉使其看起来更直观整洁。方法是：在数据透视表中选择任意一个单元格，单击"数据透视表工具—设计"选项卡下"布局"组中的"分类汇总"按钮，在下拉菜单中选择"不显示分类汇总"选项，效果如图2-22所示。

步骤5：选择F4单元格，单击鼠标右键，在弹出的快捷菜单中选"值汇总依据"命令，在弹出的子菜单中选择"求和"命令，如图2-23所示。使用同样方法更改G4单元格的汇总方式，效果如图2-24所示。

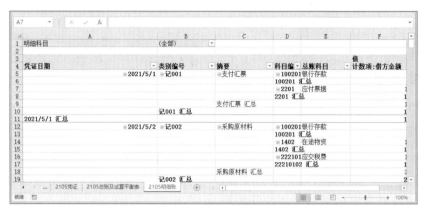

图 2-22　隐藏汇总信息

图 2-23　更改汇总方式

图 2-24　明细分类表效果图

拓展实训

一、实训目的

掌握 Excel 2016 账务处理流程。

二、实训资料

宏达公司为增值税一般纳税人，增值税税率为 13%，所得税税率为 25%。材料核算采用先进先出法，原材料月初库存量为 500 吨。该公司的坏账准备仅与应收账款有关。宏达公司 2022 年 7 月的具体经济业务如下。

1. 设置的账户及期初余额如原始文件/拓展实训/"2107 会计科目及余额表"所示。
2. 2022 年 7 月发生业务如原始文件/拓展实训/"2107 凭证"表所示。

三、实训要求

为了满足企业的管理要求，可利用 Excel 2016 对账务处理进行如下操作。

1. 建账：使用 Excel 2016 建立一个工作簿，并建立若干张工作表，分别用以存放会计科目及其期初余额、记账凭证，以及根据记账凭证自动生成的总账和明细账。
2. 输入期初余额：在"2107 会计科目及余额表"工作表中输入期初数据，并实现试算平衡。
3. 生成总账：建立一个总账表，用来汇总所有凭证数据，并根据记账凭证自动生成总账。
4. 生成明细账：建立一个明细账表，利用 Excel 2016 的数据透视表功能自动生成明细账。

即测即练

第 3 章

Excel 在财务报表中的应用

学习目标

知识目标：

1. 掌握会计报表的概念、内容和格式；
2. 掌握会计报表的编制方法。

能力目标：

1. 学会使用 Excel 2016 编制资产负债表的操作；
2. 学会使用 Excel 2016 编制利润表的操作；
3. 学会使用 Excel 2016 编制现金流量表的操作。

学习重难点：

1. 掌握 Excel 2016 公式在财务报表中的应用方法；
2. 掌握财务数据的输入及编辑方法；
3. 掌握运用图表对财务数据进行分析的方法。

工作情境与分析

小张在完成使用 Excel 2016 建账的工作后，开始着手练习使用 Excel 2016 编制会计报表，并利用图表直观地表现财务部中各项目的情况。编制会计报表的目的是向会计信息使用者提供在经济决策中有用的信息，包括财务状况、经营成果及现金流量的资料。本章主要介绍 Excel 2016 在资产负债表、利润表和现金流量表的制作方法及图表分析方法。使用 Excel 2016 编制财务报表可以分成以下 3 项工作任务：编制资产负债表→编制利润表→编排现金流量表。

3.1 基础知识储备

3.1.1 资产负债表

（一）资产负债表的概念及作用

资产负债表是指反映企业在某一特定日期的财务状况的报表。它反映企业在某一特定日期所拥有或控制的经济资源、所承担的现时义务和所有者对净资产的要求权。资产负债表的作用主要表现为以下几点。

（1）资产负债表可以提供某一日期资产的总额及其结构，表明企业拥有或者控制的资源及其分布情况。

（2）可以提供某一日期企业的负债总额及其结构，表明企业未来需要用多少资产或劳务清偿债务以及清偿时间。

（3）可以反映所有者所拥有的权益，据以判断资本保值、增值的情况以及对负债的保障程度。此外，资产负债表还可以提供进行财务分析的基本资料，从而有助于财务报告使用者做出经济决策。

（二）资产负债表的结构与项目排列

1. 资产负债表的结构

我国企业的资产负债表采用账户式结构。账户式资产负债表分左、右两方：左方为资产项目，反映全部资产的分布及存在状态；右方为负债及所有者权益项目，反映全部负债和所有者权益的内容及构成情况。账户式资产负债表中的资产各项目的合计等于负债和所有者权益各项目的合计，即资产负债表左方和右方平衡。因此，账户式资产负债表可以反映资产、负债、所有者权益之间的内在联系，即"资产＝负债＋所有者权益"。此外，资产负债表还就各项目再分为"年初余额"和"期末余额"两栏，它们的填列方法将在后面说明。

2. 资产负债表的项目排列

1）资产项目的排列

资产应当按照流动资产和非流动资产两大类别在资产负债表中列示，在流动资产和非流动资产类别下进一步按性质分项列示，且流动资产项目排在前面，非流动资产项目排在后面。

资产负债表中列示的流动资产项目通常包括货币资金、以公允价值计量且其变动计入当期损益的金融资产、衍生金融资产、应收票据、应收账款、预付款项、其他应收款、存货、持有待售资产和一年内到期的非流动资产等。

资产负债表中列示的非流动资产项目通常包括可供出售金融资产、持有至到期投资、长期应收款、长期股权投资、投资性房地产、固定资产、在建工程、生产性生物资产、油气资产、无形资产、开发支出、商誉、长期待摊费用及其他非流动资产等。

2）负债项目的排列

负债应当按照流动负债和非流动负债在资产负债表中进行列示，在流动负债和非流动负债类别下再进一步按性质分项列示，流动负债项目排在前面，非流动负债项目排在后面。

资产负债表中列示的流动负债项目通常包括短期借款、以公允价值计量且其变动计入当期损益的金融负债、衍生金融负债、应付票据、应付账款、预收款项、应付职工薪酬、应交税费、其他应付款、持有待售负债、一年内到期的非流动负债、其他流动负债等。

非流动负债项目通常包括长期借款、应付债券、长期应付款、预计负债、递延收益、递延所得税负债和其他非流动负债等。

3）所有者权益项目的排列

所有者权益一般按照实收资本（或股本）、其他权益工具、资本公积、其他综合收益、盈余公积和未分配利润分项列示。

3.1.2 利润表

（一）利润表的概念及作用

利润表是指反映企业在一定会计期间内的经营成果的报表。利润表可以反映企业在一定会计期间的收入、费用、利润（或亏损）的数额、构成情况，帮助财务报表使用者全面了解企业的经营成果，分析企业的获利能力及盈利增长趋势，从而为其做出经济决策提供依据。

（二）利润表的结构

由于不同的国家和地区的信息要求不完全相同，利润表的结构也不完全相同。目前，比较普遍的利润表结构有多步式和单步式两种。我国《企业会计准则第30号——财务报表列报》规定，企业利润表应采用多步式结构，即通过对当期的收入、费用、支出项目按性质加以归类，按利润形成的主要环节列示一些中间性利润指标，分步计算当期净利润。

多步式利润表主要反映以下几方面内容：营业收入、营业利润、利润总额、净利润、每股收益。下面介绍利润表的编制方法。

（三）利润表的编制步骤

我国企业利润表的主要编制步骤如下。

第一步，以营业收入为基础，减去营业成本、税金及附加、销售费用、管理费用、研发费用、财务费用，加上其他收益、投资收益（或减去投资损失）、净敞口套期收益（或减去净敞口套期损失）、公允价值变动收益（或减去公允价值变动损失）、资产减值损失、信用减值损失、资产处置收益（或减去资产处置损失），计算出营业利润。

第二步，以营业利润为基础，加上营业外收入，减去营业外支出，计算出利润总额。

第三步，以利润总额为基础，减去所得税费用，计算出净利润（或亏损）。

此外，普通股或潜在普通股已公开交易的企业，以及正处于公开发行普通股或潜在普通股过程中的企业，还应当在利润表中列示每股收益信息。

3.1.3　现金流量表

现金流量表是财务报表的三个基本报告之一，所表达的是在一固定期间（通常是每月或每季）内，一家机构的现金（包含银行存款）的增减变动情形。

企业的现金流量由经营活动产生的现金流量、投资活动产生的现金流量和筹资活动产生的现金流量三部分构成。分析现金流量及其结构，可以了解企业现金的来龙去脉和现金收支构成，评价企业经营状况、创现能力、筹资能力和资金实力。

（一）经营活动产生的现金流量分析

（1）将销售商品、提供劳务收到的现金与购进商品。接受劳务付出的现金进行比较。在企业经营正常、购销平衡的情况下，二者比较是有意义的。比率大，说明企业的销售利润大，销售回款良好，创现能力强。

（2）将销售商品、提供劳务收到的现金与经营活动流入的现金总额比较，可大致说明企业产品销售现款占经营活动流入的现金的比重有多大。比重大，说明企业主营业务突出，营销状况良好。

（3）将本期经营活动现金净流量与上期比较，增长率越高，说明企业成长性越好。

（二）投资活动产生的现金流量分析

当企业扩大规模或开发新的利润增长点时，需要大量的现金投入，投资活动产生的现金流入量补偿不了流出量，投资活动现金净流量为负数，但如果企业投资有效，将会在未来产生现金净流入用于偿还债务，创造收益，企业不会有偿债困难。因此，分析投资活动现金流量，应结合企业目前的投资项目进行，不能简单地以现金净流入还是净流出来论优劣。

（三）筹资活动产生的现金流量分析

一般来说，筹资活动产生的现金净流量越大，企业面临的偿债压力也越大，但如果现金净流入量主要来自企业吸收的权益性资本，则不仅不会面临偿债压力，资金实力反而增强。因此，在分析时，可将吸收权益性资本收到的现金与筹资活动现金总流入比较，所占比重大，说明企业资金实力增强，财务风险降低。

（四）现金流量构成分析

首先，分别计算经营活动现金流入、投资活动现金流入和筹资活动现金流入占现金总流入的比重，了解现金的主要来源。一般来说，经营活动现金流入占现金总流入比重大的企业，经营状况较好，财务风险较低，现金流入结构较为合理。其次，分别计算经营活动现金支出、投资活动现金支出和筹资活动现金支出占现金总流出的比重，它能具体反映企业的现金用于哪些方面。一般来说，经营活动现金支出比重大的企业，其生产经营状况正常，现金支出结构较为合理。

3.2　资产负债表编制与分析

3.2.1　创建资产负债表

资产负债表分为表头和表体两部分。表头部分包括报表标题、报表表编号、编制单位、编制日期及计量单位等，编制日期应为某年某月某日。表体部分一般为账户式，资产负债表的左侧为资产类科目，右侧为负债及所有者权益科目。编制资产负债表时，项目主要按其流动性大小排列。下面介绍资产负债表的编制步骤。

下载资源
第 3 章\资产负债表模板—原始文件
第 3 章\资产负债表模板—最终效果

步骤 1：打开原始文件中的“资产负债表模板”，双击 Sheet2 工作表标签，将其重命名为“资产负债表”，然后在工作表中输入以下项目内容，如图 3-1 所示。

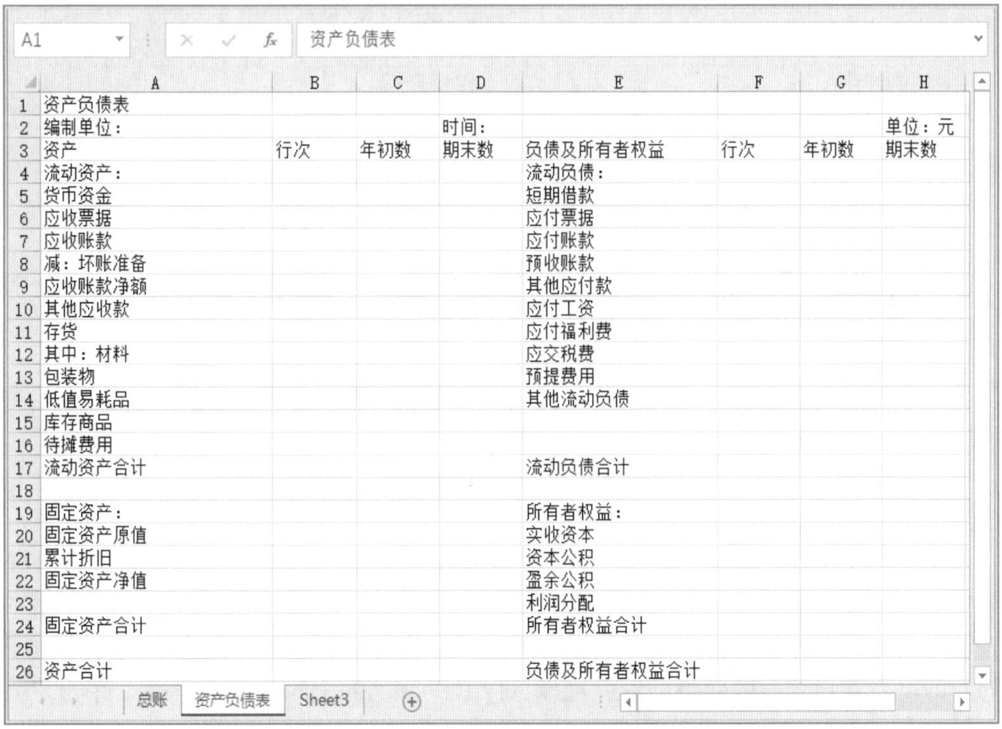

	A	B	C	D	E	F	G	H
1	资产负债表							
2	编制单位：			时间：				单位：元
3	资产	行次	年初数	期末数	负债及所有者权益	行次	年初数	期末数
4	流动资产：				流动负债：			
5	货币资金				短期借款			
6	应收票据				应付票据			
7	应收账款				应付账款			
8	减：坏账准备				预收账款			
9	应收账款净额				其他应付款			
10	其他应收款				应付工资			
11	存货				应付福利费			
12	其中：材料				应交税费			
13	包装物				预提费用			
14	低值易耗品				其他流动负债			
15	库存商品							
16	待摊费用							
17	流动资产合计				流动负债合计			
18								
19	固定资产：				所有者权益：			
20	固定资产原值				实收资本			
21	累计折旧				资本公积			
22	固定资产净值				盈余公积			
23					利润分配			
24	固定资产合计				所有者权益合计			
25								
26	资产合计				负债及所有者权益合计			

图 3-1　创建资产负债表

步骤 2：选择 A1:H1 单元格区域，单击“开始”选项卡下“对齐方式”组中的“合并后居中”按钮，设置标题字体大小为“20”，并加粗标题文字，设置其“填充颜色”为“蓝色，个性色 1，淡色 40%”，然后选择 A2:H26 单元格区域，单击“字体”组中的对话框启动器，在弹出的“设置单元格格式”对话框中，保持在“字体”选项卡下，然后设置“字体”为“微软雅黑”，“字号”为“11”，然后单击“确定”按钮，返回工作表中，即可看到设置字体格式后的效果，选择 A3:H26 单元格区域，然后打开“设置单元格格式”对话框，切换到“边框”选项卡下，在“线条”的“样式”组中选择合适的粗线，然后在“预置”选项组中单击“外边框”图标，又在“线条”的“样式”组中选择合适的虚线，然后单击“内部”图标，最后单击“确定”按钮，如图 3-2 所示。

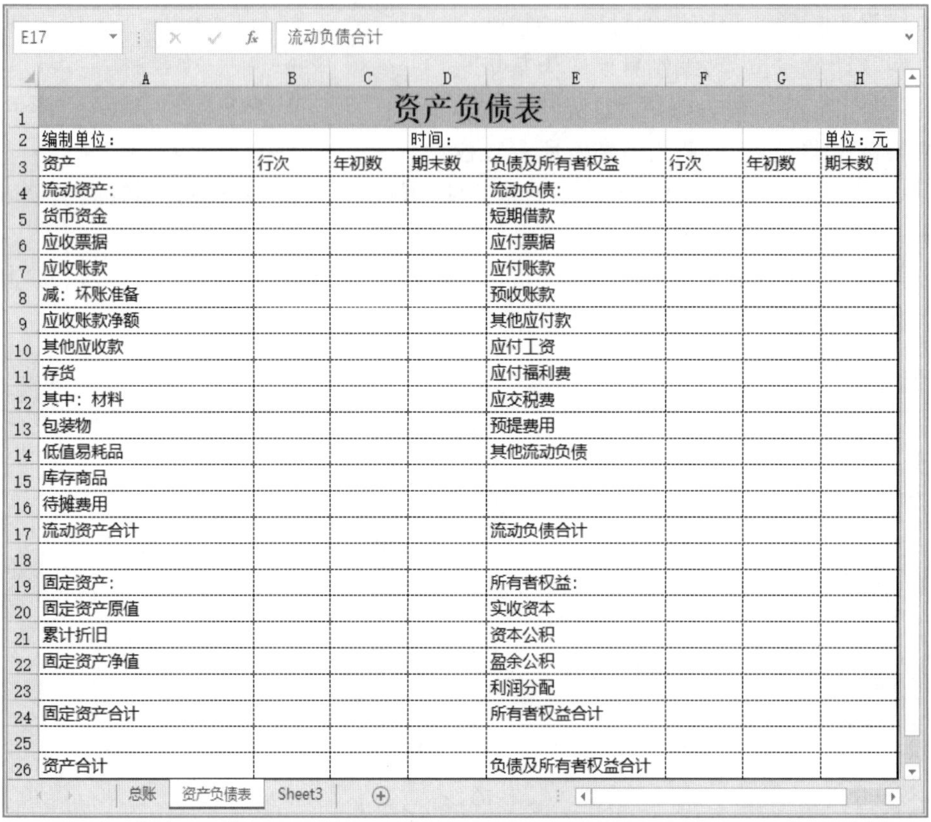

E17 流动负债合计

	A	B	C	D	E	F	G	H
1	资产负债表							
2	编制单位：			时间：				单位：元
3	资产	行次	年初数	期末数	负债及所有者权益	行次	年初数	期末数
4	流动资产:				流动负债:			
5	货币资金				短期借款			
6	应收票据				应付票据			
7	应收账款				应付账款			
8	减：坏账准备				预收账款			
9	应收账款净额				其他应付款			
10	其他应收款				应付工资			
11	存货				应付福利费			
12	其中：材料				应交税费			
13	包装物				预提费用			
14	低值易耗品				其他流动负债			
15	库存商品							
16	待摊费用							
17	流动资产合计				流动负债合计			
18								
19	固定资产:				所有者权益:			
20	固定资产原值				实收资本			
21	累计折旧				资本公积			
22	固定资产净值				盈余公积			
23					利润分配			
24	固定资产合计				所有者权益合计			
25								
26	资产合计				负债及所有者权益合计			

总账 资产负债表 Sheet3

图 3-2 添加表格框线

步骤 3：返回工作表中，即可看到设置边框后的效果，按住“Ctrl”键选择 A3:H3 和 A26:H26 单元格区域，设置单元格区域中的“字号”为“12”，并且加粗字体，单击“填充顶色”的下三角按钮，然后在展开的下拉列表中选择“绿色，个性色 6，淡色 40%”，此时，即可看到设置后的效果，然后选择 A17:H17 和 A24:H24 单元格区域，单击“填充颜色”的下三角按钮，在展开的列表中选择“绿色，个性色 6，淡色 80%”，如图 3-3 所示。

步骤 4：选择 A3:H26 单元格区域，然后单击“对齐方式”组中的“居中”按钮，然后按住“Ctrl”键，选中 A4、E4、A19 和 E19 单元格，然后单击“对齐方式”组中的“左对齐”按钮，即可看到设置对齐方式后的效果，然后在工作表的“行次”项目中输入行次，经过以上操作，即可得到完整的资产负债表，如图 3-4 所示。

第3章 Excel在财务报表中的应用

图 3-3 设置列标题格式

图 3-4 资产负债表模板效果图

3.2.2 计算资产负债表各项目

资产负债表各项目均需填列"年初数"和"期末数"两栏。

1. "期初余额"栏的填列方法

下载资源
第 3 章\资产负债表—原始文件
第 3 章\资产负债表—最终效果

"年初数"栏内各项数字,应根据上年年末资产负债表的"期末数"栏内所列数字填列。如果上年度资产负债表规定的各个项目的名称和内容同本年度不一致,应对上年年末资产负债表各项目的名称和数字按照本年度的规定进行调整,填入表中"期初余额"栏内。

2. "期末数"栏的填列方法

期末余额是指某一资产负债表的数字,即月末、季末、半年末或年末的数字。由于报表项目和账户名称及金额不能一一对应,因此资产负债表"期末余额"栏内各项数字,一般应根据资产、负债和所有者权益类账户的期末余额直接填列或分析填列。

步骤 1:打开原始文件中的"资产负债表",选中 C5 单元格,在单元格中输入公式"=SUMIF(总账!A:A,"<1010",总账!D:D)",按回车键,即可得到货币资金年初数;选中 D5 单元格,在单元格中输入公式"=SUMIF(总账!A:A,"<1010",总账!H:H)",按回车键,即可得到货币资金期末数;选中 C6 单元格,在单元格中输入公式"=SUMIF(总账!A:A,"=1111",总账!D:D)",按回车键,即可得到应收票据年初数;选中 D6 单元格,在单元格中输入公式"=SUMIF(总账!A:A,"=1111",总账!H:H)",按回车键,即可得到应收票据期末数;按照相同的方法在资产负债表中计算流动资产不同科目的年初数和期末数,选中 C9 单元格,在单元格中输入公式"=C7-C8",按回车键,然后向右复制公式到 D9 单元格,即可得到应收账款净额的年初数和期末数;选中 C11 单元格,在单元格中输入公式"=SUM(C12:C15)",按回车键,然后向右复制公式到 D11 单元格,即可得到存货的年初数和期末数;选中 C17 单元格,在单元格中输入公式"=C5+C6+C9+C10+C11+C16",按回车键,然后向右复制公式至 D17 单元格,即可得到流动资产合计的年初数和期末数,如图 3-5 所示。

步骤 2:选中 C20 单元格,然后在单元格中输入公式"=SUMIF(总账!A:A,"=1501",总账!D:D)",按回车键,即可得到固定资产原值年初数,应用相同的方法计算出固定资产原值的期末数与累计折旧的年初数和期末数;选中 C22 单元格,在单元格中输入公式"=C20–C21",按回车键,向右复制公式至 D22 单元格,即可得到固定资产净值的年初数和期末数;选中 C24 单元格,直接在单元格中输入"=C22",按回车键,向右复制公式,即可得到固定资产合计的年初数和期末数,使用相同的方法计算出资产负债表中的流动负债不同科目的年初数和期末数,如图 3-6 所示。

步骤 3:选中 G17 单元格,在单元格中输入公式"=SUM(G5:G14)",按回车键,向右复制公式至 H17 单元格,即可得到流动负债合计;使用相同的方法计算所有者权益相关科目的年初数和期末数,选中 G24 单元格,在单元格中输入公式"=SUM(G20:G23)",按回车键,然后向右复制公式至 H24 单元格,即可得到所有者权益合计;选中 C26 单

图 3-5 输入流动资产计算公式

图 3-6 输入流动负债计算公式

元格，在单元格中输入公式"=C17+C24"，按回车键，然后向右复制公式至 D26 单元格，即可得到资产合计。选中 G26 单元格，在单元格中输入公式"=G17+G24"，按回车键，然后向右复制公式至 H26 单元格，即可得到负债及所有者权益合计，最后将金额的小数位数设置为 2 位，如图 3-7 所示。

图 3-7 资产负债表效果图

3.2.3 资产负债表分析

资产负债表分析是把定量分析和定性分析结合起来,全面分析各种因素对资产负债的影响,使资产负债表的阅读者获得必要的信息。资产负债表账户在财务分析中,已由财务状况变动表完成资产负债表的分析,下面我们着重通过图表进行对比分析。

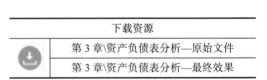

下载资源
第 3 章\资产负债表分析—原始文件
第 3 章\资产负债表分析—最终效果

步骤 1：打开"资产负债表分析"工作簿，在"资产负债表"中选择 C5:D7 和 C10:D10 单元格区域，然后单击"插入"选项卡下"图表"组中的"插入柱形图"按钮，在展开的菜单中单击"三维簇状柱形图"选项，此时，即可看到创建好的资产负债比较图表；选中图表，单击"图表工具—设计"选项卡下"数据"组中的"选择数据"按钮，此时，弹出"选择数据源"对话框，然后单击"切换行/列"按钮，如图 3-8 所示。

步骤 2：在"选择数据源"对话框中单击"水平（分类）轴标签"列表框中的"编辑"按钮，此时，弹出"轴标签"对话框，然后在"轴标签区域"文本框中输入"=资产负债表!$C$3:$D$3"，最后单击"确定"按钮，返回"选择数据源"对话框，然后在"图例项（系列）"选项组"系列 1"，最后单击"编辑"按钮，选择需要编辑的系列，在弹出的

"编辑数据系列"对话框中的"系列名称"文本框中输入"=资产负债表!$A$5",然后单击"确定"按钮,如图3-9所示。

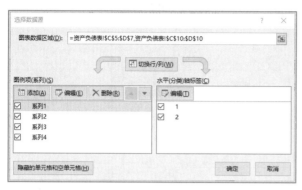
图3-8 切换行/列

图3-9 编辑数据系列

步骤3:使用相同的方法编辑系列2、系列3和系列4的名称,其名称分别为应收票据、应收账款和其他应收款,然后单击"确定"按钮,返回工作表中,选中图表,单击"图表工具 设计"选项卡下"图表布局"组中的"快速布局"按钮,然后单击"布局5"选项,最后选中"图表标题",直接在图表标题文本框中输入"流动资产"并加粗字体,即可看到设置完成后的图表效果,如图3-10所示。

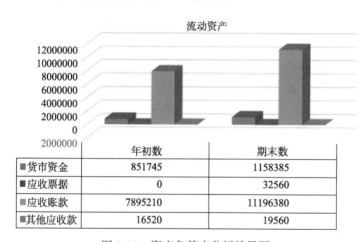

图3-10 资产负债表分析效果图

3.3 利润表编制及分析

3.3.1 创建利润表

利润表是反映企业在一定会计期间经营成果的会计报表。例如,年度利润表反映的是某年度1月1日至12月31日的经营成果。由

下载资源
第3章\利润表模板—原始文件
第3章\利润表模板—最终效果

于表内数据是说明某一期间的情况,所以和利润表属于动态报表,也可称为损益表、收益表。

步骤 1:打开原始文件中的利润表,双击 Sheet2 工作表标签,将其重命名为"利润表",然后按照下图内容在表格中输入利润表的基本内容,如图 3-11 所示。

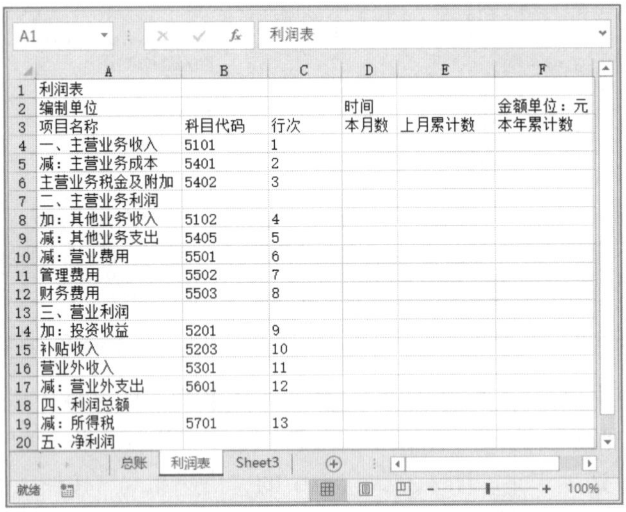

图 3-11　利润表基本内容

步骤 2:首先选择 A1:F1 单元格区域,将其合并后居中,然后将标题文字"利润表"的"字体"设置为"华文楷体","字号"设置为"20"加粗标题文字,"填充颜色"设置为"蓝色,个性色 1,淡色 60%",然后选中利润表的表头文字,设置"字体"为"宋体","字号"为"14",加粗表头文字并居中,然后设置"填充颜色"为"绿色,个性色 6,淡色 40%",最后选择 A4:F4、A7:F7、A13:F13 A18:F18 和 A20:F20 单元格区域,设置区域中的"字体"为"宋体","字号"为"12",加粗字体,设置"填充颜色"为"蓝—灰,文字 2,淡色 60%",如图 3-12 所示。

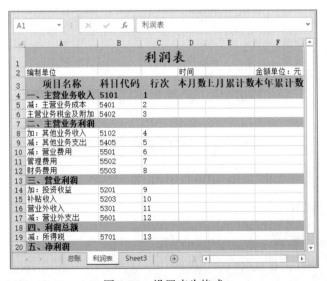

图 3-12　设置表头格式

步骤 3：选择 A3:F20 单元格区域，单击“字体”组中的对话框启动器，在弹出的“设置单元格格式”对话框中，切换到“边框”选项卡下，在“样式”组中选择合适的线条，然后单击“预置”组中的“内部”图标，又选中合适的线条，单击“外边框”图标，并设置 B、C 列为居中对齐，最后单击“确定”按钮，此时，返回工作表中，即可看到设置边框后的效果，如图 3-13 所示。

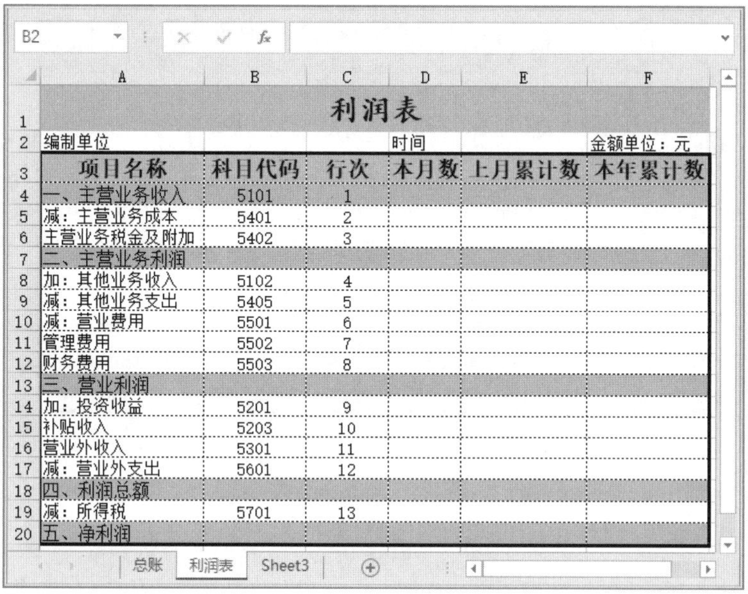

	A	B	C	D	E	F
1	利润表					
2	编制单位			时间		金额单位：元
3	项目名称	科目代码	行次	本月数	上月累计数	本年累计数
4	一、主营业务收入	5101	1			
5	减：主营业务成本	5401	2			
6	主营业务税金及附加	5402	3			
7	二、主营业务利润					
8	加：其他业务收入	5102	4			
9	减：其他业务支出	5405	5			
10	减：营业费用	5501	6			
11	管理费用	5502	7			
12	财务费用	5503	8			
13	三、营业利润					
14	加：投资收益	5201	9			
15	补贴收入	5203	10			
16	营业外收入	5301	11			
17	减：营业外支出	5601	12			
18	四、利润总额					
19	减：所得税	5701	13			
20	五、净利润					

图 3-13　利润表效果图

3.3.2　计算利润表各项目

利润表的基本结构是收入减去成本等于利润，利润表主要反映的是企业在某一经营期间营业收入、营业成本、各项费用和实现利润的情况。

下载资源	
	第 3 章\利润表—原始文件
	第 3 章\利润表—最终效果

步骤 1：打开原始文件中的利润表，选中 D4 单元格，然后在单元格中输入公式“=SUMIF(总账!$A$3:$A$51,利润表!B4,总账!$E$3:$E$51)”，按回车键，即可得到主营业务收入的本月数；选中 D5 单元格，然后在单元格中输入公式“=SUMIF(总账!$A$3:$A$51,利润表!B5,总账!$D$3:$D$51)”，按回车键，即可得到主营业务成本的本月数；选中 D6 单元格，输入公式“=SUMIF(总账!$A$3:$A$51,利润表!B6,总账!$D$3:$D$51)”，按回车键，即可得到主营业务税金及附加的本月数，如图 3-14 所示。

步骤 2：选中 D4 单元格，然后单击“开始”选项卡下“剪贴板”组中的“复制”按钮，如图 3-15 所示。选中 D8、D14、D15、D16 单元格，然后单击“开始”选项卡下“剪贴板”组中的“粘贴”按钮，在展开的列表中单击“公式”选项，此时，即可看到工作表中选定的单元格显示了复制公式的计算结果。最后选中 D9 单元格，然后在单元格中输入公式“=SUMIF(总账!$A$3:$A$51,利润表!B9,总账!$D$3:$D$51)”，按回车键，即可得到其他业务支出的本月数，如图 3-15 所示。

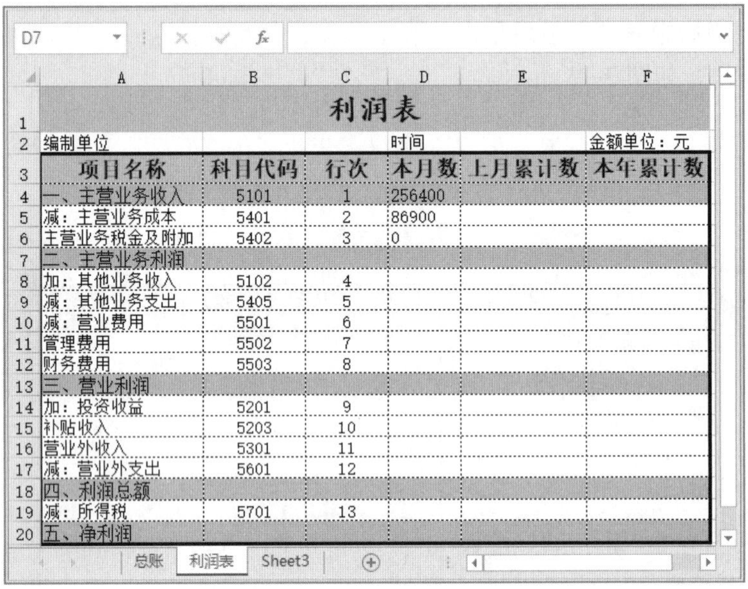

利润表					
编制单位			时间		金额单位：元
项目名称	科目代码	行次	本月数	上月累计数	本年累计数
一、主营业务收入	5101	1	256400		
减：主营业务成本	5401	2	86900		
主营业务税金及附加	5402	3	0		
二、主营业务利润					
加：其他业务收入	5102	4			
减：其他业务支出	5405	5			
减：营业费用	5501	6			
管理费用	5502	7			
财务费用	5503	8			
三、营业利润					
加：投资收益	5201	9			
补贴收入	5203	10			
营业外收入	5301	11			
减：营业外支出	5601	12			
四、利润总额					
减：所得税	5701	13			
五、净利润					

图 3-14　输入计算公式（一）

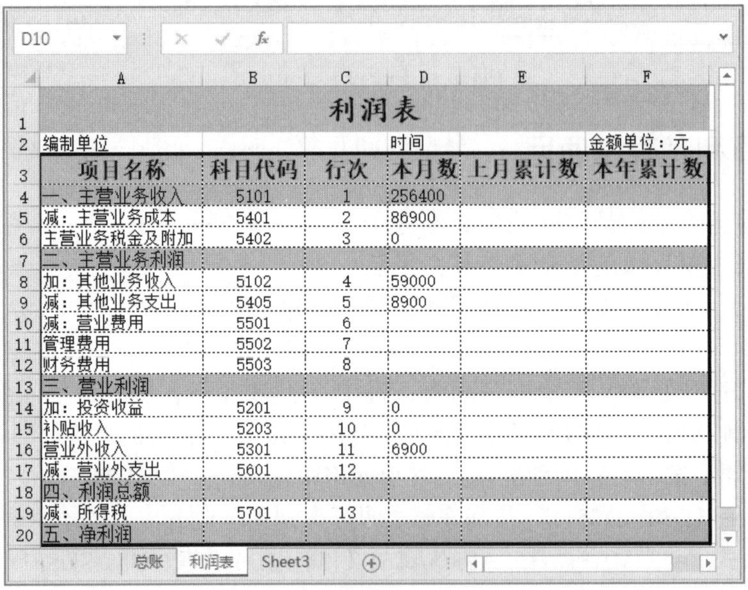

利润表					
编制单位			时间		金额单位：元
项目名称	科目代码	行次	本月数	上月累计数	本年累计数
一、主营业务收入	5101	1	256400		
减：主营业务成本	5401	2	86900		
主营业务税金及附加	5402	3	0		
二、主营业务利润					
加：其他业务收入	5102	4	59000		
减：其他业务支出	5405	5	8900		
减：营业费用	5501	6			
管理费用	5502	7			
财务费用	5503	8			
三、营业利润					
加：投资收益	5201	9	0		
补贴收入	5203	10	0		
营业外收入	5301	11	6900		
减：营业外支出	5601	12			
四、利润总额					
减：所得税	5701	13			
五、净利润					

图 3-15　输入计算公式（二）

步骤 3：复制 D9 单元格中的公式至其他需要计算应减项目的单元格中从而计算出不同项目的金额，在“上月累计数”列中输入实际的各项累计值；选中 D7 单元格，在单元格中输入公式“=D4-D5-D6”，按回车键，然后向右复制公式至 F7 单元格；选中 D13

单元格，在单元格中输入公式“=D7+D8–D9–D10–D11–D12”，按回车键，然后向右复制公式至 F13 单元格，如图 3-16 所示。

	A	B	C	D	E	F
1	利润表					
2	编制单位			时间		金额单位：元
3	项目名称	科目代码	行次	本月数	上月累计数	本年累计数
4	一、主营业务收入	5101	1	256400	562300	
5	减：主营业务成本	5401	2	86900	69000	
6	主营业务税金及附加	5402	3	0	2300	
7	二、主营业务利润			169500	491000	
8	加：其他业务收入	5102	4	59000	234500	
9	减：其他业务支出	5405	5	8900	26900	
10	减：营业费用	5501	6	0	36000	
11	管理费用	5502	7	26900	23000	
12	财务费用	5503	8	5600	26300	
13	三、营业利润			187100	613300	
14	加：投资收益	5201	9	0	45600	
15	补贴收入	5203	10	0	0	
16	营业外收入	5301	11	6900	12360	
17	减：营业外支出	5601	12	63000	5600	
18	四、利润总额					
19	减：所得税	5701	13	12000	45200	
20	五、净利润					

图 3-16　输入计算公式（三）

步骤 4：选中 D18 单元格，在单元格中输入公式“=D13+D14+D15+D16–D17”，按回车键，然后向右复制公式至 F18 单元格；选中 D20 单元格，在单元格中输入公式“=D18–D19”，按回车键，然后向右复制公式至 F20 单元格；选中 F4 单元格，在单元格中输入“=D4+E4”，按回车键，即可得到本年累计数；选中 F4 单元格，然后拖动鼠标向下复制公式至 F20 单元格，单击“自动填充选项”按钮，在展开的列表中单击“不带格式填充”单选按钮，最后将 D、E、F 列居中对齐，小数位数设置为 2，如图 3-17 所示。

	A	B	C	D	E	F
1	利润表					
2	编制单位			时间		金额单位：元
3	项目名称	科目代码	行次	本月数	上月累计数	本年累计数
4	一、主营业务收入	5101	1	256400.00	562300.00	818700.00
5	减：主营业务成本	5401	2	86900.00	69000.00	155900.00
6	主营业务税金及附加	5402	3	0.00	2300.00	2300.00
7	二、主营业务利润			169500.00	491000.00	660500.00
8	加：其他业务收入	5102	4	59000.00	234500.00	293500.00
9	减：其他业务支出	5405	5	8900.00	26900.00	35800.00
10	减：营业费用	5501	6	0.00	36000.00	36000.00
11	管理费用	5502	7	26900.00	23000.00	49900.00
12	财务费用	5503	8	5600.00	26300.00	31900.00
13	三、营业利润			187100.00	613300.00	800400.00
14	加：投资收益	5201	9	0.00	45600.00	45600.00
15	补贴收入	5203	10	0.00	0.00	0.00
16	营业外收入	5301	11	6900.00	12360.00	19260.00
17	减：营业外支出	5601	12	63000.00	5600.00	68600.00
18	四、利润总额			131000.00	665660.00	796660.00
19	减：所得税	5701	13	12000.00	45200.00	57200.00
20	五、净利润			119000.00	620460.00	739460.00

图 3-17　利润表效果图

3.3.3 利用图表分析利润表

利润表依据"收入–费用=利润"来编制，主要反映一定时期内公司的营业收入减去营业支出之后的净收益。通过利润表，我们一般可以对上市公司的经营业绩作出评估，从

下载资源
第 3 章\利润分析图表—原始文件
第 3 章\利润分析图表—最终效果

而评价投资者的投资价值和报酬。利润表包括两个方面：一是反映公司的收入及费用，说明公司在一定时期内的利润或亏损数额，据以分析公司的经济效益及盈利能力，评价公司的管理业绩；二是反映公司财务成果的来源，说明公司的各种利润来源在利润总额中占的比例，以及这些来源之间的相互关系。对利润表进行分析，主要从两方面入手：收入项目分析和成本项目分析。

步骤 1：打开利润分析图表，按住"Ctrl"键，然后拖动"利润表"工作表标签，得到利润表的副本"利润表（2）"，将其重命名为"利润分析图表"，按回车键。在"利润分析图表"工作表的 A 列后插入一列，然后将项目名称中的会计科目复制到该列中，然后选择 B4:B5 和 E4:E5 单元格区域，单击"插入"选项卡下"图表"组中的"插入柱形图"按钮，在展开的列表中单击"簇状柱形图"按钮。此时，即可看到创建好的主营业务收入和主营业务成本比较图表，如图 3-18 所示。

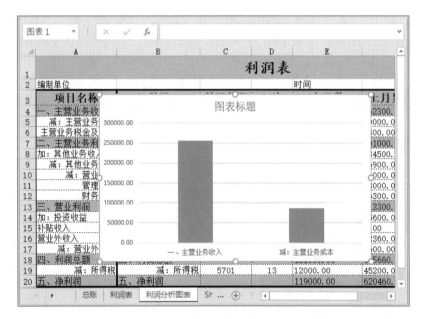

图 3-18　插入柱形图

步骤 2：在工作表的右侧面板中弹出"设置数据系列格式"对话框，切换至"填充线条"选项卡，然后单击"纯色填充"单选按钮，设置"颜色"为"绿色，个性色 6"，最后单击"关闭"按钮，应用相同的方法为主营业务成本设置填充效果，即可得到最终的图表效果，如图 3-19 所示。

第3章 Excel在财务报表中的应用

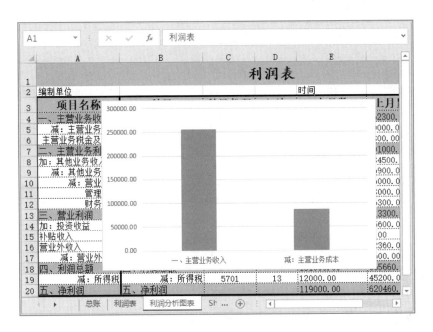

图 3-19 利润分析表效果图

3.4 现金流量表创建及分析

现金流量表是反映企业一定会计期间经营活动、投资活动和筹资活动产生的现金流入、流出情况的报表。由于企业经营处处离不开现金,所以现金在满足企业各种需求中有着非常重要的意义。

下载资源
第3章\现金流量表—原始文件
第3章\现金流量表—最终效果

3.4.1 创建现金流量表

步骤 1:打开"现金流量表",为输入现金流量内容的表格设置合适的字体格式,设置表格边框和底纹效果,选中 E2 单元格,然后插入函数"=TEXT(NOW(),"e 年")"然后单击"确定"按钮,返回工作表中,即可看到单元格返回到当前的年度,如图 3-20 所示。

步骤 2:选择 B5:E38 单元格区域,单击"对齐方式"组中的对话框启动器,弹出"设置单元格格式"对话框,切换到"数字"标示签下,然后在"分类"列表框中选择"会计专用"选项,设置小数位数为2,设置货币符号为¥,并设置为居中对齐,最后单击"确定"按钮,如图 3-21 所示。

步骤 3:选中第 4 行,然后单击"视图"选项卡下窗口组中的"冻结窗格"按钮,在展开的列表中选择"冻结拆分窗格"选项,经过以上操作,即可发现当向下滚动窗口时,可发现被冻结的标题行始终显示在屏幕上,如图 3-22 所示。

63

	A	B	C	D	E
1		现金流量表			
2				年度：2022年	
3	项目	第一季度	第二季度	第三季度	第四季度
4	一、经营活动产生的现金流量				
5	销售商品、提供劳务收到的现金	580,000	60,000	59,000	96,000
6	收到的税费返还	12,500	45,000	15,410	56,400
7	收到其他与经营活动有关的现金	58,900	78,000	25,600	48,600
8	现金流入小计				
9	购买商品、接受劳务支付的现金	45,600	15,630	66,300	56,490
10	支付给职工及职工支付的现金	56,000	63,000	55,000	60,000
11	支付的各项税费	1,560	14,520	5,600	25,800
12	支付其他经营活动有关的现金	4,580	15,240	5,890	3,690
13	现金流出小计				
14	经营活动产生的现金流量净额				
15	二、投资活动产生的现金流量				
16	收回投资收到的现金	20,000	1,551	66,000	78,400
17	取得投资收益收到的现金	15,400	15,740	14,500	4,500
18	处置固定资产、无形资产和其他长期资产收回的现金净额	45,230	15,450	2,450	12,340
19	处置子公司及其营业单位收到的现金净额	145,470	5,600	125,470	65,400
20	收到其他与投资活动有关的现金	12,345	48,600	1,440	33,250
21	现金流入小计				
22	构建固定资产、无形资产和其他长期资产支付的现金	56,900	15,820	5,620	8,800
23	投资支付的现金	15,600	48,600	45,600	26,000
24	取得子公司及其他营业单位支付的现金净额	22,700	78,900	26,300	14,620
25	支付其他与投资活动有关的现金	26,300	5,690	25,890	15,600
26	现金流出小计				
27	投资活动产生的现金流量净额				
28	三、筹资活动产生的现金流量	88,000	15,420	5,600	56,900
29	吸收投资收到的现金	56,700	1,570	5,680	45,600
30	借款所收到的现金	15,630	15,700	14,830	146,300
31	收到的其他与筹资活动有关的现金	22,300	5,800	15,450	1,560

图 3-20　建立现金流量表

	A	B	C	D	E
1		现金流量表			
2				年度：2022年	
3	项目	第一季度	第二季度	第三季度	第四季度
4	一、经营活动产生的现金流量				
5	销售商品、提供劳务收到的现金	¥ 580,000.00	¥ 60,000.00	¥ 59,000.00	¥ 96,000.00
6	收到的税费返还	¥ 12,500.00	¥ 45,000.00	¥ 15,410.00	¥ 56,400.00
7	收到其他与经营活动有关的现金	¥ 58,900.00	¥ 78,000.00	¥ 25,600.00	¥ 48,600.00
8	现金流入小计				
9	购买商品、接受劳务支付的现金	¥ 45,600.00	¥ 15,630.00	¥ 66,300.00	¥ 56,490.00
10	支付给职工及职工支付的现金	¥ 56,000.00	¥ 63,000.00	¥ 55,000.00	¥ 60,000.00
11	支付的各项税费	¥ 1,560.00	¥ 14,520.00	¥ 5,600.00	¥ 25,800.00
12	支付其他经营活动有关的现金	¥ 4,580.00	¥ 15,240.00	¥ 5,890.00	¥ 3,690.00
13	现金流出小计				
14	经营活动产生的现金流量净额				
15	二、投资活动产生的现金流量				
16	收回投资收到的现金	¥ 20,000.00	¥ 1,551.00	¥ 66,000.00	¥ 78,400.00
17	取得投资收益收到的现金	¥ 15,400.00	¥ 15,740.00	¥ 14,500.00	¥ 4,500.00
18	处置固定资产、无形资产和其他长期资产收回的现金净额	¥ 45,230.00	¥ 15,450.00	¥ 2,450.00	¥ 12,340.00
19	处置子公司及其营业单位收到的现金净额	¥ 145,470.00	¥ 5,600.00	¥ 125,470.00	¥ 65,400.00
20	收到其他与投资活动有关的现金	¥ 12,345.00	¥ 48,600.00	¥ 1,440.00	¥ 33,250.00
21	现金流入小计				
22	构建固定资产、无形资产和其他长期资产支付的现金	¥ 56,900.00	¥ 15,820.00	¥ 5,620.00	¥ 8,800.00
23	投资支付的现金	¥ 15,600.00	¥ 48,600.00	¥ 45,600.00	¥ 26,000.00
24	取得子公司及其他营业单位支付的现金净额	¥ 22,700.00	¥ 78,900.00	¥ 26,300.00	¥ 14,620.00
25	支付其他与投资活动有关的现金	¥ 26,300.00	¥ 5,690.00	¥ 25,890.00	¥ 15,600.00
26	现金流出小计				
27	投资活动产生的现金流量净额				
28	三、筹资活动产生的现金流量	¥ 88,000.00	¥ 15,420.00	¥ 5,600.00	¥ 56,900.00
29	吸收投资收到的现金	¥ 56,700.00	¥ 1,570.00	¥ 5,680.00	¥ 45,600.00
30	借款所收到的现金	¥ 15,630.00	¥ 15,700.00	¥ 14,830.00	¥ 146,300.00
31	收到的其他与筹资活动有关的现金	¥ 22,300.00	¥ 5,800.00	¥ 15,450.00	¥ 1,560.00

图 3-21　设置数字格式

图 3-22 冻结窗格效果图

3.4.2 计算现金流量表各项目

在企业的会计和财务管理工作中,只要会计人员制作了现金流量表,便要及时地掌握企业各种活动所产生的现金流入和流出情况,这样就可以方便快捷地反映企业现金变动状况。

下载资源
第 3 章\现金流量计算表—原始文件
第 3 章\现金流量计算表—最终效果

步骤 1:打开现金流量计算表,选中 B8 单元格,在单元格中输入公式"=SUM(B5:B7)",按回车键,然后向右复制公式至 E8 单元格,即可得到不同季度的现金流入情况;选中 B13 单元格,在单元格中输入公式"=SUM(B9:B12)",按回车键,然后向右复制公式至 E13 单元格,即可得到不同季度的现金流出情况,如图 3-23 所示。

图 3-23 输入计算公式(一)

步骤 2：选中 B14 单元格，在单元格中输入公式"=B8–B13"，按回车键，然后向右复制公式至 E14 单元格，即可得到不同季度的经营活动产生的现金流量净额，然后在 B21、B26 和 B27 单元格中分别输入公式"=SUM(B16:B20)""=SUM(B22:B25)""=B21–B26"，按回车键，然后向右复制公式至 E21、E26、E27 单元格，即可计算出投资活动产生的现金流入小计、现金流出小计和现金流量净额，如图 3-24 所示。

图 3-24　输入计算公式（二）

步骤 3：利用相同的方法，在 B32、B36 和 B37 单元格中分别输入公式"=SUM(B29:B31)""=SUM(B33:B35)""=B32–B36"，按回车键，然后向右复制公式至 E32、E36、E37 单元格，即可计算出筹资活动产生的现金流入小计、现金流出小计和现金流量净额，最后选中 B38 单元格，然后在单元格中输入公式"=B14+B27+B37"，按回车键，向右复制公式至 E38 单元格，即可得到现金及现金等价物增加净额，效果如 3-25 所示。

图 3-25　现金流量计算表效果图

3.4.3 现金流量趋势分析

现金流量趋势分析是通过观察连续阶段的会计报表，比较各阶段有关项目的金额，分析某些指标的增减变动情况，然后在此基础上判断其发展趋势，从而对未来可能出现的结果作出预测的一种方法。

下载资源
第 3 章\现金流量趋势分析—原始文件
第 3 章\现金流量趋势分析—最终效果

步骤 1：打开现金流量趋势分析表，将 Sheet2 工作表命名为"现金流量汇总表"，然后设置合适的单元格格式；选中 B4 单元格，在单元格中输入公式"=现金流量表!B8"，按回车键，然后向右复制公式至 E4 单元格，即可得到经营活动现金流入金额，如图 3-26 所示。

图 3-26　输入计算公式（一）

步骤 2：在 B5 和 B6 单元格中分别输入公式"=现金流量表!B21""=现金流量表!B32"，按回车键，然后向右复制公式至 E5 和 E6 单元格，即可得到投资活动和筹资活动的现金流入数据，使用相同的方法，分别在 B8、B9 和 B10 单元格中输入公式"现金流量表!B13""=现金流量表!B26""=现金流量表!B36"，按回车键，然后向右复制公式，即可得到各项目的现金流出金额，最后选中 B3 单元格，在单元格中输入公式"=B4+B5+B6"，按回车键，然后向右复制公式，即可得到现金流入量，选中 B7 单元格，在单元格中输入公式"=B8+B9+B10"，按回车键，然后向右复制公式，即可得到现金流出量，如图 3-27 所示。

图 3-27　输入计算公式（二）

步骤 3：选择 A3:E3 和 A7:E7 单元格区域，然后单击"插入"选项卡下"图表"组中的"插入柱形图"按钮，在展开的列表中单击"三维簇状柱形图"选项，此时，即可看到插入的现金收支图，直接单击"图表标题"，将图表标题更改为"现金收支图"，效果如图 3-28 所示。

图 3-28　现金收支图

拓展实训

一、实训目的

1. 学会使用 Excel 编制资产负债表和利润表。
2. 学会运用图表对财务报表数据进行分析。

二、实训资料

宏达公司设置的总账账户及余额如原始文件/拓展实训/总账所示。

三、实训要求

为了满足企业的管理要求，可利用 Excel 2016 对财务报表进行如下处理。

1. 按照 3.2 要求完善资产负债表。
2. 按照 3.2 要求完善资产负债表格式，计算资产负债表各项目。
3. 按照 3.2 要求插入柱形图对资产负债表进行分析。
4. 按照 3.3 要求创建利润表。
5. 按照 3.3 要求完善利润表格式，计算利润表各项目。
6. 按照 3.3 利用图表分析利润表。

即测即练

第4章

Excel 在薪酬管理中的应用

学习目标

知识目标：

1. 理解职工薪酬的含义；
2. 掌握职工薪酬的内容；
3. 掌握应发工资及五险一金的核算方法。

能力目标：

1. 熟悉薪酬核算常用的函数；
2. 掌握工资信息表的创建方法；
3. 学会工资数据查询与统计分析的方法。

学习重难点：

1. 掌握员工信息表的创建过程；
2. 掌握统计并分析工资数据的方法；
3. 掌握员工工资条和工资发放表的制作方法。

工作情境与分析

小张使用 Excel 2016 完成了建账、编制会计报表的工作之后，体会到用 Excel 2016 代替手工操作的好处。运用 Excel 2016，能减少重复性工作，提高工作效率，使财务人员从繁重的日常核算工作中解脱出来。于是，小张又有了新的想法：尝试用 Excel 2016 设计工资核算系统。

工资管理是企业财务管理中不可或缺的组成部分。传统的工资核算和记录是依靠手工操作完成的，计算比较复杂，业务量大，常常需要花费大量的人力和时间。利用 Excel 2016 编制和管理职工的工资，不仅能确保工资核算的准确性，还能减少重复性的统计工作，提高工资管理的效率。做好工资管理工作、正确计算职工工资，如实反映与监督工资资金的使用情况和职工工资的结算情况，是加强工资资金管理、降低工资费用的一个重要手段。工资管理的主要任务是通过工资资金计划反映工资的使用情况，监督企业严格执行国家颁布的有关工资政策和制度；正确计算每名职工应得的工资，反映和监督企业与职工的工资结算情况，贯彻按劳分配的原则；按照工资的用途，合理地分配工资费用，以便正确计算产品的成本。利用 Excel 2016 进行工资管理的基本工作过程一般为：输入工资数据→设置工资项目→工资数据的查询与统计分析→制作工作条和工资发放表。

4.1 基础知识储备

4.1.1 职工薪酬的认知

1. 职工薪酬的含义

职工薪酬，是指企业为获得职工提供的服务或解除劳动关系而给予各种形式的报酬或补偿。根据《企业会计准则第 9 号——职工薪酬》的规定，职工薪酬包括短期薪酬、离职后福利、辞退福利和其他长期职工福利。企业提供给职工配偶、子女、受赡养人、已故员工遗属及其他受益人等的福利，也属于职工薪酬。

2. 职工的范围

职工薪酬中所指的职工，涵盖的范围非常广泛，具体包括以下 3 类人员。

（1）与企业订立正式劳动合同的所有人员，含全职、兼职和临时职工；

（2）虽未与企业订立劳动合同、但由企业正式任命的人员，比如公司的董事会成员和监事会成员；

（3）未与企业订立劳动合同或未由其正式任命，但向企业所提供服务与职工所提供服务类似的人员，包括通过企业与劳务中介公司签订用工合同而向企业提供服务的人员。

4.1.2 职工薪酬的内容

本书中的职工薪酬为短期薪酬。短期薪酬，是指企业在职工提供相关服务的年度报告期间结束后 12 个月内需要全部予以支付的职工薪酬，因解除与职工的劳动关系给予的补偿除外。短期薪酬的主要包括以下内容。

（1）职工工资、奖金、津贴和补贴。这是指按照国家有关规定构成职工工资总额的计时工资、计件工资、各种因职工超额劳动报酬和增收节支而支付的奖金、为补偿职工特殊贡献或额外劳动而支付的津贴、为保证职工工资水平不受物价影响而支付给职工的物价补贴。

（2）职工福利费。这是指职工因工负伤赴外地就医路费、职工生活困难补助，未实行医疗统筹企业的职工医疗费用，以及按规定发生的其他职工福利支出。

（3）社会保险费。这是指企业按照国家规定的基准和比例计算，并向社会保障经办机构缴纳的养老保险、医疗保险费、工伤保险费、失业保险和生育保险费等。

（4）住房公积金。这是指企业按照国家规定的基准和比例计算，并向住房公积金管理机构缴存的住房公积金。

（5）工会经费和职工教育经费。这是指为改善职工文化生活、为职工学习先进技术和提高文化水平和业务素质，用于开展工会活动和职工教育及职业技能培训等的相关支出。

（6）非货币性福利。这是指企业自产品或外购商品发放给职工作为福利、将自己拥有的资产或租赁的资产无偿提供给职工使用、为职工无偿提供医疗保健服务，或者向职工提供企业支付了一定补贴的商品或服务等。

（7）带薪缺勤。这是指企业支付工资或提供补偿的职工缺勤，包括休假、病假、短期伤残、婚假、产假、丧假、探亲假等。

（8）利润分享计划。这是指因职工提供服务而与职工达成的基于利润或其他经营成果提供薪酬的协议。

4.1.3 职工薪酬的计算

1. 应发工资与实发工资

应发工资就是岗位工资、薪级工资、绩效工资、奖励金、加班工资等加在一起统计的金额；应发工资是用人单位为获得员工的劳动，根据按劳取酬的基本原则，应支付给员工的工资总额。

实发工资是扣减了五险一金和个人所得税后，最后拿到手的薪资；实发工资是用人单位实际上支付给员工的薪资酬劳部分，实发工资不等同于应发工资，差值通常是企业代员工扣缴的个税和五险一金中个人应承担部分。

2. 五险一金的计提

用人单位应当按照国家规定的职工工资总额的比例缴纳基本养老保险费，记入基本养老保险统筹基金；职工应当按照国家规定的本人工资的比例缴纳基本养老保险费，记入个人账户。另外，职工应当参加职工基本医疗保险，由用人单位和职工按照国家规定共同缴纳基本医疗保险费。具体缴费比例如下。

（1）养老保险缴费比例：单位缴纳20%（全部划入统筹基金），职工个人缴纳8%（全部划入个人账户）。

（2）医疗保险缴费比例：单位缴纳8%，职工个人缴纳2%。

（3）失业保险缴费比例：单位缴纳2%，职工个人缴纳1%。

（4）工伤保险缴费比例：单位按月缴纳1%左右，职工个人不缴费，工伤保险费率根据单位被划分的行业范围来确定，在0.5%～2%。

（5）生育保险缴费比例：单位按月缴纳1%，职工个人不缴费。

（6）住房公积金缴费比例：单位可以在5%～12%确定缴费比例，具体由单位自行决定，最常见的缴费比例是8%，公积金缴纳个人和单位的比例是1∶1，公积金全部进入个人账户，归个人所有。

4.2 创建工资信息表

4.2.1 职工薪酬基本资料

红日公司主要有 5 个部门,即企划部、财务部、后勤部、组装部和销售部;共有 10 名员工,主要有 5 种职工类别,即公司经理、部门经理和职员。每名员工的工资项目包括基本工资、岗位工资、职务津贴、奖金、事假扣款、病假扣款、住房公积金和个人所得税。2021 年 6 月,该公司职工的基本工资信息如表 4-1 所示。

表 4-1 红日公司职工的基本工资信息

工号	姓名	性别	年龄	部门	职工类别	事假天数	病假天数	基本工资
001	李*林	男	37	企划部	公司经理	1		6000
002	王*丽	女	41	企划部	职员			3000
003	李*华	女	40	销售部	部门经理		3	5000
004	夏*飞	男	36	销售部	职员			3000
005	张*鑫	女	37	组装部	职员		1	3000
006	蒋*平	女	37	组装部	职员	2		3000
007	刘*志	男	43	财务部	部门经理			5000
008	唐*阳	男	28	财务部	职员		2	3000
009	王*贺	男	26	后勤部	部门经理	3		5000
010	张*芳	女	45	后勤部	职员	1		3000

表 4-2 岗位工资标准

职工类别	岗位工资
公司经理	2000
部门经理	1600
职员	1200

表 4-3 奖金标准

部门	奖金
企划部	1000
销售部	800
组装部	700
财务部	900
后勤部	600

其他工资项目的发放情况及有关规定如下。

(1)岗位工资根据职工类别进行设置,具体标准如表 4-2 所示。

(2)职务津贴是基本工资与岗位工资之和的 15%。

(3)奖金根据职工所在部门的不同分别设置,具体规定如表 4-3 所示。

(4)请事假按日基本工资扣款。

(5)请病假每天扣款 50 元。

(6)住房公积金为应发工资的 15%。

(7)个人所得税应根据应发工资的数额确定,具体规定如表 4-4 所示。

表 4-4 个人所得税计算表

全月应纳税所得额（元）	税率	速算扣除数
≤3000	3%	0
(3000,12000]	10%	210
(12000,25000]	20%	1410
(25000,35000]	25%	2660
(35000,55000]	30%	4410
(55000,80000]	35%	7160
>80000	45%	15160

4.2.2 创建工资结算单

工资结算单也称工资单，一般按职工姓名分行填列应发工资、代扣款项目和实发工资等。其用途包括：按职工姓名裁成"工资条"，连同工资发放给职工，以便职工核对；作为财务部门进行工资统计的依据；作为工资结算和

下载资源
第 4 章\工作簿 1—原始文件
第 4 章\工资结算单—最终效果

支付的凭证，并据以进行工资结算的汇总核算。职工工资数据是进行工资管理的基础，需要建立一个 Excel 2016 工作簿来记录这些数据。输入工资数据有两种方法：直接在工作表中输入数据和"记录单"输入数据。本节主要介绍直接在工作表中输入数据，操作步骤如下。

步骤 1：使用 Excel 2016 打开原始文件"工作簿 1"，将其重命名为"职工薪酬核算"，打开"职工薪酬核算"工作簿，将 Sheet1 工作表重命名为"基本工资信息表"，然后将红日公司职工的基本工资信息、岗位工资标准、奖金标准、个人所得税计算表和职工信息等相关资料录入，最后，在工作簿中新建一个工作表，将其重命名为"工资结算单"，如图 4-1 所示。

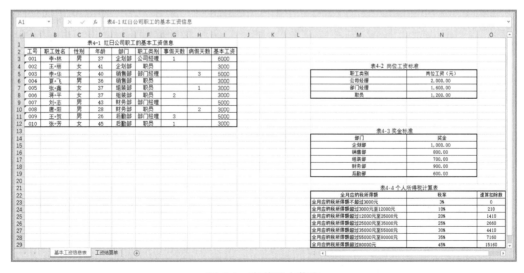

图 4-1 完善基本信息

步骤 2：在"工资结算单"工作表的 A1 单元格中输入"工资结算单"，选择 A1:R1 单元格区域，将对齐方式设置为"合并后居中"，然后在 A3:R3 单元格区域中依次输入工号、职工姓名、性别、年龄、部门、职工类别、事假天数、病假天数、基本工资、岗位工资、职务津贴、奖金、事假扣款、病假扣款、应发资、住房公积金、个人所得税和实发工资，如图 4-2 所示。

图 4-2　输入工资结算单标题

图 4-3　设置数据有效性

步骤 3：为了输入方便并防止出错，可对某些数据列设置数据有效性。首先对"性别"列设置数据有效性，选择 C4 单元格，单击"数据"选项卡下"数据工具"组中的"数据验证"按钮，打开"数据验证"对话框，在"设置"选项卡下的"允许"下拉列表框中选择"序列"选项，在"来源"文本框中输入"男,女"，然后单击"确定"按钮，即完成对"性别"列数据有效性的设置，如图 4-3 所示。

步骤 4：设置完毕，使用填充柄复制功能，将鼠标指针移动到 C4 单元格右下角，当鼠标指针变为+时，按住鼠标左键不放，然后向下拖曳，即可将 C4 单元格中的数据有效性复制到 C 列的其他单元格中。

步骤 5：采用同样的方法对"部门"和"职工类别"列进行数据有效性的设置，其中在"部门"的来源文本框中输入"企划部,销售部,组装部,财务部,后勤部"，"职工类别"的来源文本框中输入"公司经理,部门经理,职员"，并将单元格中的数据有效性复制到本列的其他单元格中。

步骤 6：根据表 4-1 中所给数据分别输入"工号""职工姓名""性别""年龄""部门""职工类别""事假天数""病假天数""基本工资"等列的初始数据，同时将 I 列的单元格格式设置为"数值"型，小数位数设置为 2，最后为表格增加框线，其他数据项的信息暂不输入，部分效果如图 4-4 所示。

第4章 Excel在薪酬管理中的应用

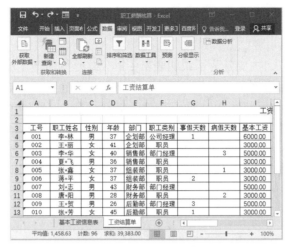

图 4-4　输入初始数据

4.2.3　应用记录单

在 Excel 2016 中，记录单可以显示为一个完整的记录对话框，用户可以在该对话框中输入、核对、查找及修改数据。利用记录单输入数据，不仅快捷方便，错误率也会降低很多。"记录单"输入数据的操作步骤如下。

步骤 1：选择 A14 单元格，单击自定义快速访问工具栏上的"记录单"按钮，打开"工资结算单"对话框，如图 4-5 所示。

步骤 2：单击"新建"按钮，然后开始输入一条新的记录，"曾*林，男，37 岁，后勤部，职员，事假 1 天，病假 1 天，基本工资 3000"，输入完毕，单击"新建"按钮，即可再次输入一条新的记录，最后点击"关闭"按钮，即可回到表格，如图 4-6 所示。单击"下一条"按钮，可查询下一条记录；单击"上一条"按钮，可查询上一条记录。

图 4-5　"工资结算单"对话框　　　图 4-6　"记录单"输入

75

4.2.4 添加批注

给工作表添加批注，主要是为了说明表格中的公式是如何产生的，是用哪些数据产生图表报告的，或者用于说明某个部门、某个人员的辅助信息。添加批注的操作步骤如下。

步骤 1：选择 B4 单元格，单击鼠标右键，在弹出的快捷菜单中选择"插入批注"命令，打开批注框，此时，该批注框处于编辑状态。

步骤 2：输入批注内容"法人代表，主管企划部，内部电话：8888。"

步骤 3：添加了批注的单元格右上角会显示批注指示（红色小三角）。若要查看单元格的批注，只需要移动鼠标指针至该单元格上即可，如图 4-7 所示。

图 4-7　添加批注

步骤 4：在带有批注的单元格上单击鼠标右键，在弹出的快捷菜单中选择"编辑批注""删除批注""显示/隐藏批注"命令，可以分别完成编辑批注、删除批注、显示和隐藏批注等操作。

4.3　工资数据查询与统计分析

4.3.1　设置工资项目

工资是指雇主或用人单位根据法律及行业的规定或与员工之间的约定，以货币形式对员工的劳动所支付的报酬，是劳务报酬中的主要形式。

1. 设置工资项目分析

工资结算单的构成项目中，多数项目是各企业都会用到的必备项目；小部分项目是个别企业所特有的。一部分项目的数据长期不变，属于固定项目；另外部分项目可能每月都有变动，属于变动项目。因此，可以在 Excel 2016 数据列表中预先设置一些必备的工资项目，如应发工资、病假扣款、实发工资等，其他项目可根据企业实际需要自行增删和修改。

2. 设置具体项目

因工种、岗位的区别，企业需要选择适合其劳动特点的工资制度，下面根据 4.2.1 所提供的有关信息为工资结算单设置具体项目。

1. 设置"岗位工资"项目

根据红日公司的规定,"岗位工资"是根据"职工类别"进行设置的,其操作步骤如下。

步骤1:选择J4单元格,单击编辑栏中的"插入函数"按钮 fx,在打开的"函数参数"对话框中选择IF函数,单击确按钮。

步骤2:输入IF函数的各个参数,如图4-8所示。其含义是:如果F4单元格中的值为"公司经理"则返回的值是2000,否则又有2种情况,所以在第3个参数的文本框中继续单击IF函数进行进一步判断。如果F4单元格中的值为"部门经理",则返回的值为1600;如果不是,则IF函数的值为1200。

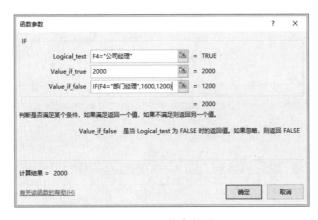

图4-8 IF函数参数设置

步骤3:因为F4单元格中的内容为"公司经理",所以J4单元格中返回的值为2000,如图4-9所示。

图4-9 设置公司经理的岗位工资

步骤4:将鼠标放置J4单元格的右下角,当出现复制公式的图标➕时,向下拖曳至J14,将公式复制到J列的其他单元格中,结果如图4-10所示。

2. 设置"职务津贴"项目

根据红日公司的规定,职务津贴是基本工资与岗位工资之和的10%则设置"职务津贴"项目的操作为:将K4单元格中的公式设置为"=(I4+J4)*0.1",如图4-11所示,再将K4单元格中的公式复制到K列的其他单元格中。

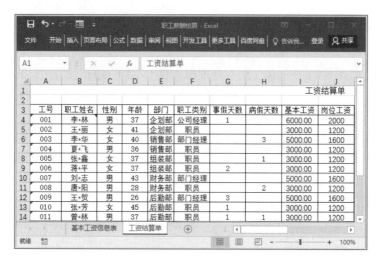

图 4-10　复制公式

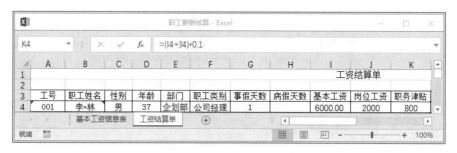

图 4-11　设置职务津贴项目

3．设置"奖金"项目

设置"奖金"项目的操作为：将 L4 单元格中的公式设置为"=IF(E4="企划部",1000,IF(E4="销售部",800,IF(E4="组装部",700,IF(E4="财务部",900,600))))"，如图 4-12 所示，再将 L4 单元格中的公式复制到 L 列的其他单元格中。

图 4-12　设置奖金项目

4．设置"事假扣款"项目

根据红日公司的规定，请事假按日基本工资扣款，则设置"事假扣款"项目的操作为：将 M4 单元格中的公式设置为"=ROUND(I4/22*G4,2)"，如图 4-13 所示，再将 M4 单元格中的公式复制到 M 列的其他单元格中。

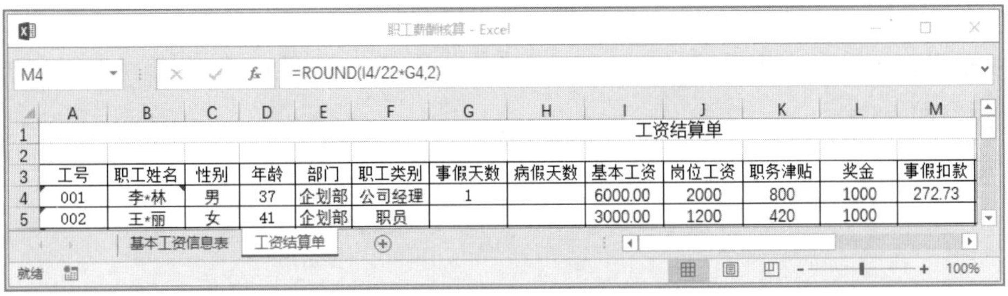

第4章 Excel在薪酬管理中的应用

图 4-13 设置事假扣款项目

5. 设置"病假扣款"项目

根据红日公司的规定，请病假每天扣款 50 元，则设置"病假扣款"项目的操作为：将 N4 单元格中的公式设置为"=H4*50"，如图 4-14 所示，再将 N4 单元格中的公式复制到 N 列的其他单元格中。

图 4-14 设置病假扣款项目

6. 设置"应发工资"项目

应发工资为基本工资、岗位工资、职务津贴与奖金之和减去事假扣款和病假扣款，先将 I4:R14 单元格区域设置为"数值"类型，小数保留"2"位，然后设置"应发工资"项目，将 O4 单元格中的公式设置为"=SUM(I4:L4)–M4–N4"，如图 4-15 所示，再将 O4 单元格中的公式复制到 O 列的其他单元格中。

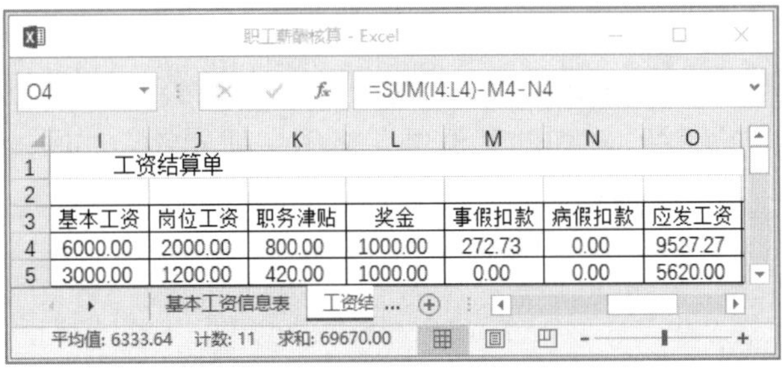

图 4-15 设置应发工资项目

7. 设置"住房公积金"项目

根据红日公司的规定，住房公积金为应发工资的 15%，则设置"住房公积金"项目的操作为：将 P4 单元格中的公式设置为"=ROUND(O4*0.15,2)"，如图 4-16 所示，再将 P4 单元格中的公式复制到 P 列的其他单元格中。社会保险费的计算与住房公积金方式相同，此章不再赘述。

图 4-16　设置住房公积金项目

8. 设置"个人所得税"项目

个人所得税根据应发工资的数额来确定，因此设置"个人所得税"项目的操作为：将 Q 单元格中的公式设置为"=IF(O4−5000<−0,0,IF(O4−5000<=3000,(O4−5000)*0.03, IF(O4−5000<12000,(O4−5000)*0.1−210,IF(O4−5000<=25000,(O4−5000)*0.2−1410,(O4−5000)* 0.25−2660))))"，如图 4-17 所示，再将列的其他单元格中。此公式运用了 4 级 IF 嵌套。

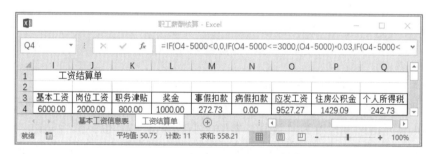

图 4-17　设置个人所得税项目

9. 设置"实发工资"项目

设置"实发工资"项目的操作为：将 R4 单元格中的公式设置为"=O4−P4−Q4"，再将 R4 单元格中的公式复制到 R 列的其他单元格中，部分效果如图 4-18 所示。

图 4-18　设置实发工资项目

4.3.2 查询工资数据

企业管理层或者部门经理在某些情况下，需要了解职工的工资情况，此时，财务人员则需要按照一定标准对工资数据进行查询并汇总分析。

利用筛选功能查询工资数据是最常用的查询方式，如果要利用筛选功能查询工资数据，首先需要进入筛选状态。选择表格第三行，然后单击"数据"选项卡下"排序和筛选"组中的"筛选"按钮，进入筛选状态，这时每个字段右侧会出现一个下拉按钮，如图 4-19 所示。

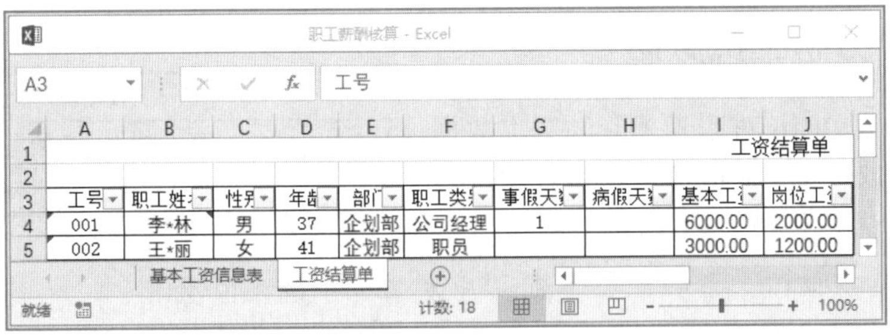

图 4-19 进入筛选状态

1. "职工姓名"为依据进行查询

以"职工姓名"为依据查询职工的工资情况，以"王*丽"为例，其操作方法为：单击"职工姓名"右侧的下拉按钮，打开图 4-20 所示的面板，取消选中"全选"复选框，选中"王*丽"复选框，单击"确定"按钮。查询结果如图 4-21 所示。

2. 以"部门"为依据进行查询

以"部门"为依据查询所有职工的工资情况，以"财务部"为例，其操作方法为：单击"部门"右侧的"下拉"按钮，取消选中"全选"复选框，选中"财务部"复选框，单击"确定"按钮。查询结果如图 4-22 所示。

图 4-20 选择查询条件

图 4-21 以职工姓名为依据的查询结果

图 4-22　以部门为依据的查询结果

4.3.3　统计分析工资数据

运用 Excel 2016 对职工工资的基本数据进行处理，可以简便、快捷地对这些数据进行分析，为管理者提供很大的帮助。

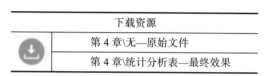

下载资源
第 4 章\无—原始文件
第 4 章\统计分析表—最终效果

1. 计算每一部门、每一职工类别"应发工资"的汇总数

计算每一部门、每一职工类别"应发工资"的汇总数的操作步骤如下。

步骤 1：选择带有数据的单元格区域中的任意一个单元格，单击"插入"选项卡下"表格"组中的"数据透视表"按钮，打开"创建数据透视表"对话框，如图 4-23 所示。

步骤 2：在"选择放置数据透视表的位置"栏下选中"新工作表"单选项，单击"确定"按钮。完成数据透视表的创建后，将自动在当前工作表左侧添加新的工作表，同时显示"数据透视表字段"列表任务窗格，如图 4-24 所示。

图 4-23　创建数据透视表对话框　　　　图 4-24　数据透视表的设置

步骤 3：将"部门"字段拖曳至"行标签"区域中，将"职工类别"字段拖曳至"列标签"区域中,将"应发工资"字段拖曳至"数值"区域中,如图 4-25 所示。新工作表中将显示"应发工资按部门与职工类别汇总的数据透视表",如图 4-26 所示。

图 4-25　数据透视表的布局

图 4-26　数据透视表

步骤 4:选择数据透表中的任意一个单元格,单击"数据透视表工具—分析"选项卡下"工具组"中的"数据透视图"按钮,打开"插入图表"对话框,在左侧列表中选择"柱形图"选项,在右侧选择"堆积柱形图",单击"确定"按钮后,则在当前界面生成一张数据透视图,如图 4-27 所示。

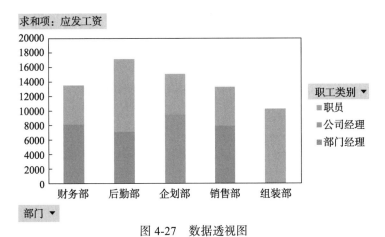

图 4-27　数据透视图

步骤 5:选择数据透视图中的任意一个柱形,单击鼠标右键,在弹出的快捷菜单中选择"添加数据标签"命令,即可在数据透视图中显示数据透视表中各部门人员的应发工资总额,如图 4-28 所示。

2. 计算每一部门、每一职工类别"应发工资"的平均数

选择"应发工资"对应的 A3 单元格,单击鼠标右键,在弹出的快捷菜单中选择"值

字段设置"命令,打开"值字段设置"对话框,在"值汇总方式"选项卡下 选择"平均值"选项,单击"确定"按钮,如图 4-29 所示。应发工资平均值汇总结果如图 4-30 所示。

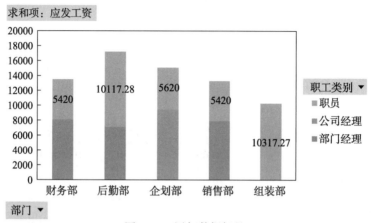

图 4-28 添加数据标签

图 4-29 选择平均值计算类型

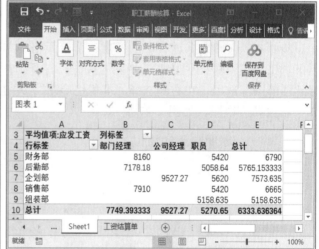

图 4-30 应发工资平均值汇总结果

3. 计算每一部门、每一职工类别"应发工资"的汇总数占"应发工资"总和的百分比

打开"值字段设置"对话框,在"值汇总方式"选项卡下选择"求和"选项,在"值显示方式"选项卡下选择"总计的百分比"选项,如图 4-31 所示。汇总结果如图 4-32 所示。

如果选择"列汇总的百分比"或"行汇总的百分比"选项,分别可以计算同一职工类别中不同部门应发工资占比(见图 4-33),或同一部门中不同职工类别应发工资占比(见图 4-34),最终将 sheet1 表重命名为"统计分析表"。

第4章 Excel在薪酬管理中的应用

图 4-31 选择值汇总方式和值显示方式

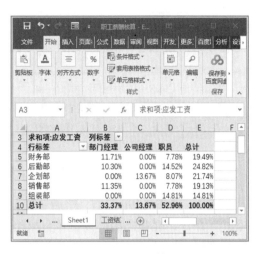

图 4-32 汇总结果

图 4-33 列汇总的百分比

图 4-34 行汇总的百分比

4.4 制作工资条和工资发放表

4.4.1 制作工资条

工资条是员工所在单位发放给员工反映工资的纸条，记录着每位员工的月收入明细和收入总额等信息。工资条包括基本工资、工龄工资以及应扣五险一金等项目。根据工资明细表，制作员工工资条的操作介绍如下。

配套资源
第 4 章\工资结算单—原始文件
第 4 章\工资条—最终效果

步骤 1：在"职工薪酬核算"工作簿中，创建一个工作表并重命名为"工资条"，然后构建工资条的基本框架，首先在 A1 输入表标题"工资条"，再选择 A1:R1 单元格区域进行"合并后居中"，打开"工资结算单"，选中 A3:R13 单元格区域，按"Ctrl+C"组合

键，将列标题进行复制后，回到"工资条"表中，单击 A2 单元格，按"Ctrl+V"组合键将复制好的列标题进行粘贴，这样工资表框架就构建完成了，如图 4-35 所示。

图 4-35　构建工资条构架

步骤 2：选择 A3 单元格，然后单击鼠标右键，从弹出的快捷菜单中选择"设置单元格格式"命令，在弹出的"设置单元格格式"对话框中，单击"数字"选项卡，在"分类"列表框中选择"文本"选项，如图 4-36 所示，最后单击"确定"按钮。

图 4-36　构建工资条框架

步骤 3：在 A3 单元格中输入 001，完成第一名员工的工号录入，然后选择 B3 单元格，输入公式"=VLOOKUP($A3,工资结算单!$A:$S,COLUMN(),0)"，如图 4-37 所示，最后按"回车键"确认，即可引用员工姓名，如图 4-38 所示。

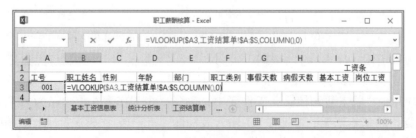

图 4-37　输入公式

图 4-38 引用员工信息

步骤 4：选中 B3 单元格，将光标移动到该单元格的右下角，当光标变成"➕"形状时，按住鼠标左键不放，向右拖至 R3 单元格，如图 4-39 所示。

图 4-39 填充信息

步骤 5：选中 A1:R3 单元格区域，将文本"居中对齐"，然后将光标移动到 R3 单元格的右下角，当光标变成"➕"形状时，按住鼠标左键不放，向下拖批量生成工资条，如图 4-40 所示。

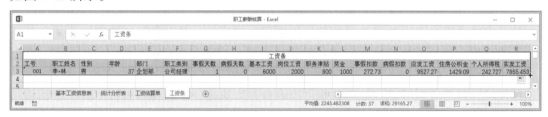

图 4-40 生成员工工资条

步骤 6：当所有员工的工资条都生成后，释放鼠标，得到最终表格，如图 4-41 所示。

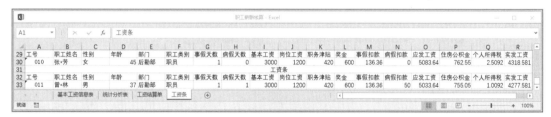

图 4-41 工资条效果图

4.4.2 制作工资发放表

工资发放表是公司发放员工工资的直接依据，内容包含员工的姓名、卡号、实发工资金额等信息。银行的工作人员会根据工资发放表，将工资打到员工的工资卡上。根据工资明细表，创建工资发放表的过程介绍如下。

步骤1：在工作簿中新建一个工作表，将其命名为"工资发放表"，在A1单元格输入标题"工资发放表"，并将A1:D1合并居中，然后在A2:D2区域输入员工"工号、姓名、银行卡号及实发工资"，最后从"工资结算单"中将工号和姓名复制到工资发放表中，最后为表格增加框线，如图4-42所示。

图4-42 设置工资发放表框架

步骤2：选中C3:C13单元格区域，然后单击鼠标右键，从弹出的快捷菜单中选择"设置单元格格式"命令，弹出"设置单元格格式"对话框，然后打开"数字"选项卡，在"分类"列表框中选择"文本"选项，最后单击"确定"按钮，如图4-43所示。选中D3:D12单元格区域，然后打开"开始"选项卡，单击"数字"选项组中的"数字格式"下拉按钮，最后从展开的列表中选择"会计专用"选项，小数位数选择"2"，货币符号选择"¥"，如图4-44所示。

图4-43 设置卡号格式　　　　　图4-44 设置实发工资格式

步骤 3：按照下图将员工银行卡号输入至 C3 列中，然后选中 D3 单元格，输入公式"=VLOOKUP(A3,工资结算单!$A:$R,18)"，最后按"Enter"确认，即可显示实发工资金额，如图 4-45 所示。

图 4-45　输入实发工资引用公式

步骤 4：选择 D3 单元格，当光标移动到单元格右下角变为"+"形状时，按住鼠标左键不放，向下拖填充公式至 D13 单元格，至此"工资发放表"就制作完成了，如图 4-46 所示。

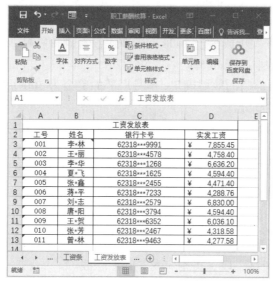

图 4-46　工资发放表效果图

拓展实训

一、实训目的

1. 学会使用 Excel 设计工资核算系统。
2. 学会运用筛选及数据分析工具进行工资数据的汇总和查询。

二、实训资料

宏达公司是一家小型工业企业，主要有 3 个部门：厂部、车间 1 和车间 2；职工类别包括：管理人员、辅助管理人员、工人；每个职工的工资项目包括：基本工资、岗位工资、福利费、餐补、奖金、事假扣款、病假扣款。除基本工资因人而异外，其他工资项目将根据职工职务类别和部门来确定,而且随业务量的变化而变化。

宏达公司职工薪酬信息表

工号	姓名	部门	性别	职工类别	年龄	基本工资	事假天数	病假天数
0001	刘*娜	厂部	女	管理人员	42	4000		
0002	胡*明	车间1	男	辅助管理人员	37	3500	1	
0003	赵*	车间1	男	工人	29	3000		2
0004	张*帅	车间2	男	辅助管理人员	34	3500	3	
0005	王*利	车间2	女	工人	30	3000		1

其他工资项目的发放情况及有关规定如下。

1. 岗位工资:根据职工类别不同进行发放,工人为1200元,辅助管理人员为1500元,管理人员为1800元。

2. 福利费:厂部职工的福利费为基本工资的50%,车间1工人的福利费为基本工资的20%,车间1辅助管理人员的福利费为基本工资的30%,车间2工人和辅助管理人员的福利费为基本工资的25%。

3. 餐补:基本工资大于或等于3000元的职工没有副食补贴,基本工资小于3000元的职工的副食补贴为基本工资的5%。

4. 奖金:奖金根据部门的效益确定,本月厂部的奖金为500元,车间1的奖金为300元,车间2的奖金为700元。

5. 事假扣款规定:将基本工资(每月按22天计算)按天扣除。

6. 病假扣款规定:如果病假小于15天,则工人每天扣款50元,非工人每天扣款60元;如果病假大于15天,则工人每天扣款60元,非工人每天扣款70元。

7. 个人所得税计算表如表4-4所示。

三、实训要求

为了满足企业的管理要求,可利用Excel 2016对工资情况进行如下汇总分析。

1. 计算每一个部门每一职工类别应发工资汇总数。
2. 计算每一个部门每一职工类别应发工资平均数。
3. 计算每一个职工类别应发工资数占总工资数的百分比。
4. 计算每一个部门应发工资数占总工资数的百分比。
5. 计算每一个部门每一职工类别应发工资数占总工资数的百分比。

即测即练

自学自测　扫描此码

第 5 章

Excel 在固定资产管理中的应用

学习目标

知识目标：

1. 了解固定资产的概念和分类；
2. 掌握固定资产核算系统的业务处理流程；
3. 掌握固定资产折旧的计算方法。

能力目标：

1. 学会使用 Excel 2016 设计固定资产核算系统；
2. 学会运用筛选及数据分析工具进行固定资产数据的汇总和查询。

学习重难点：

1. 掌握固定资产卡片基本样式设计方法；
2. 掌握固定资产折旧的计算方法的应用；
3. 掌握固定资产变更及查询等操作的方法。

工作情境与分析

小张设计的工资核算系统解决了手工工资核算工作量大、易出错等难题，得到了领导的一致认可，于是小张决定开始尝试用 Excel 2016 设计红日公司的固定资产核算系统。固定资产是企业所持有的、使用年限较长、单位价值较高，并且在使用过程中保持其原有实物形态的资产，它是企业进行生产经营活动的物质基础。固定资产作为企业长期使用的财产，是生产能力的重要标志。固定资产在企业的资产总额中占有相当大的比重，日常的核算、管理非常烦琐;而且固定资产针对其在使用过程中造成的损耗需要计提折旧费用，折旧核算的工作量也很大，所以正确核算和计算固定资产对企业的生产经营具有重大的意义。固定资产的管理涉及企业成立之初固定资产的购建及企业经营过程中固定资产的管理与更新、固定资产的处置等工作。利用 Excel 2016 进行固定资产管理的基本工作过程为：设计固定资产卡片→创建固定资产折旧统计表→计提固定资产折旧→固定资产的新增、减少和调拨。

5.1 基础知识储备

5.1.1 固定资产的认知

固定资产是指为生产商品、提供劳务、出租或经营管理而持有的，使用寿命超过一个会计年度的有形资产。

从固定资产的定义可以看出，作为企业生产经营过程中的重要劳动资料的固定资产应具备以下特征。

（1）企业持有固定资产的目的是满足生产商品、提供劳务、出租或经营管理的需要，而不是对外出售。这一特征是固定资产区别于库存商品等流动资产的重要标志。例如，汽车制造商所生产的待售汽车应作为该厂的库存商品，若作为企业的运输工具，就应列作固定资产。

（2）企业使用固定资产的期限较长，固定资产的使用寿命超过一个会计年度。这意味着固定资产属于长期资产，收益期超过一个会计年度，能在一年以上的时间里为企业带来经济效益。这一特征是固定资产有别于流动资产的显著标志。通常情况下，固定资产的使用寿命是指企业使用固定资产的预计期间，但某些机器设备或运输设备等固定资产的使用寿命，可以用该固定资产所能生产产品或提供劳务的数量来表示。例如，发电设备可以按其预计发电量估计其使用寿命。

（3）企业的固定资产必须是有形资产。固定资产具有实物形态，该特征使固定资产有别于无形资产。无形资产是企业为生产商品、提供劳务而持有的，使用寿命超过一个会计度，但不具有实物形态的资产，所以不属于固定资产。

5.1.2 固定资产的分类

企业的固定资产种类繁多，规格和品名不一，为了加强对固定资产的管理和核算，应合理地对固定资产进行分类。根据不同的管理需要和核算要求以及不同的分类标准对固定资产进行不同的分类，概括起来主要有以下几种分类方法。

1. 按经济用途分类

固定资产按经济用途分类，可以分为生产经营用固定资产和非生产经营用固定资产。生产经营用固定资产是指直接服务于企业生产、经营过程的各种固定资产，如生产经营用的建筑物、机器、设备、器具、工具等。非生产经营用固定资产是指间接服务于企业生产经营过程的各种固定资产如职工宿舍、食堂、幼儿园等部门使用的房屋、设备及其他固定资产等。固定资产按经济用途分类，可以反映企业不同经济用途的固定资产在全部固定资产中所占的比重及变化情况，促使固定资产的合理配置，充分发挥其效用。

2. 按使用情况分类

固定资产按使用情况分类，可以分为使用中的固定资产、未使用的固定资产和不需用固定资产。使用中的固定资产是指正在使用的各种固定资产。未使用的固定资产是指尚未投入使用或暂停使用的各种固定资产。不需用固定资产是指不适合本企业需要，待处置的各种固定资产。固定资产按使用情况进行分类，有利于企业掌握固定资产的使用情况，便于分析固定资产的利用效率，挖掘固定资产的使用潜力，促使固定资产的合理使用，同时也便于企业准确合理地计算折旧。

3．按综合分类

企业可以根据实际情况和经营管理、会计核算的需要，结合固定资产的经济用途、使用情况进行综合分类。在实际工作中，按综合分类的方法，可以把企业的固定资产分为以下七大类。

（1）生产经营用固定资产。

（2）非生产经营用固定资产。

（3）租出固定资产。租出固定资产是指以经营性租赁方式出租给外单位使用的固定资产。

（4）不需用固定资产。

（5）未使用固定资产。

（6）租入固定资产。租入固定资产是指企业除短期租赁和低价值资产租赁外租入的固定资产，在租赁期内应视同自有固定资产进行管理。

（7）土地。土地是指过去已经单独估价入账的土地。因征地而支付的补偿费，应计入与土地有关的建筑物的价值内，不单独作为土地价值入账。企业取得的土地使用权，应作为无形资产管理，不作为固定资产管理。

5.1.3 固定资产的折旧

企业在生产经营过程中使用固定资产而使其损耗导致价值减少仅余一定残值，其原值与残值之差在其使用年限内分摊，是固定资产折旧。企业计提固定资产折旧的方法有多种，基本上即可以分为两类，即直线法（包括年限平均法和工作量法）和加速折旧法（包括年数总和法和双倍余额递减法），企业应当根据固定资产所含经济利益预期实现方式选择不同的方法。企业折旧方法不同，计提折旧额相差很大。

企业应当按月计提固定资产折旧，当月增加的固定资产，当月不计提折旧，从下月起计提折旧；当月减少的固定资产，当月仍计提折旧，从下月起停止计提折旧。提足折旧后，不管能否继续使用，均不再提取折旧；提前报废的固定资产，也不再补提折旧。

1．直线折旧法

1）年限平均法

年限平均法是指将固定资产的应计折旧额均衡地分摊到固定资产预定使用寿命内的一种方法。采用这种方法计算的每期折旧额相等。计算公式如下。

年折旧率＝（1－预计净残值率）/预计使用寿命（年）*100%

月折旧率 = 年折旧率/12

固定资产折旧月折旧额 = 固定资产原价*月折旧率

2）工作量法

工作量法是根据实际工作量计算每期应提折旧额的一种方法。计算公式如下。

单位工作量折旧额 = 固定资产原价*（1 – 预计净残值率）/预计总工作量

某项固定资产月折旧额 = 该项固定资产当月工作量*单位工作量折旧额

2．加速折旧法

1）年数总和法

年数总和法也称合计年限法，是指将固定资产的原价减去预计净残值后的净额，乘以一个以各年年初固定资产尚可使用年限做分子，以预计使用年限数字之和做分母的逐年递减的分数计算每年折旧额的一种方法。计算公式如下。

年折旧率 = 尚可使用年限/预计使用年限的年数总和*100%

预计使用年限的年数总和 = n*(n + 1)/2

月折旧率 = 年折旧率/12

月折旧额 = （固定资产原价 – 预计净残值）*月折旧率

2）双倍余额递减法

双倍余额递减法是指不考虑固定资产预计净残值的情况下，根据每期期初固定资产原价减去累计折旧后的余额（即固定资产净值）和双倍的直线折旧率计算固定资产折旧的一种方法。计算公式如下。

年折旧率 = 2/预计使用寿命（年）*100%

月折旧率 = 年折旧率/12

月折旧额 = 固定资产净值*月折旧率

由于每年年初固定资产净值没扣除预计净残值，因此，在应用这种方法计算折旧额时必须注意不能使固定资产的净值降低到其预计净残值以下，即采用双倍余额递减法计提折旧的固定资产，通常在其折旧年限到期前两年内，将固定资产净值扣除预计净残值后的余额平均分摊。

5.2　固定资产的管理与核算

5.2.1　设计固定资产卡片基本样式

固定资产卡片又称固定资产标识卡、固定资产标签、固定资产标示卡、固定资产管理标签、固定资产标签贴等，是专门为固定资产设计的一款专用标签。作为固定资产管理中基础数据的载体，它是按照每一个独立的固定资产项目设置的卡片。在进行固定资产管理时，是区别固定资产的一种标志，让管理者对资产状况一目了然。固定资产卡片是对于新增的每一项固定资产，企业都应为其建立一张卡片，固定资产标签上一般有固定资产名称、资产编号、资产型号、使用部门、购买时间、价格等信息。设计固定资产标识卡片样式的操作步骤如下。

配套资源
第 5 章\固定资产管理表—原始文件
第 5 章\固定资产标识卡—最终效果

步骤 1：打开"固定资产管理表"，单击工作表标签右侧的"新工作表"按钮，增加新建工作表，然后将其重命名为"固定资产标识卡"，如图 5-1 所示。

图 5-1　增加新工作表

步骤 2：在工作表 B2 单元格中输入表标题"固定资产标识卡"，设置"楷体，14 号，加粗"，对 B2:C2 单元格进行"合并居中"，然后输入行标题，在 B3:B6 单元格内分别输入"资产编号:""资产名称:""规格型号:""所属部门:"，最后合并 B7:C7 单元格，输入"20 年 月 日"，将 B 和 C 列的列宽调整为"12"，效果如图 5-2 所示。

图 5-2　输入标识卡标题

步骤 3：选中 B2:C7 单元格区域，打开"开始"选项卡，然后单击"对齐方式"选项组中的对话框启动器按钮，如图 5-3 所示。

图 5-3　启动对齐方式对话框

步骤 4：弹出"设置单元格格式"对话框，打开"边框"选项卡，将边框颜色设置为"黑色",然后在"样式"列表框中选择合适的线条样式,单击"外边框"按钮,然后单击"确定"按钮,如图5-4所示。

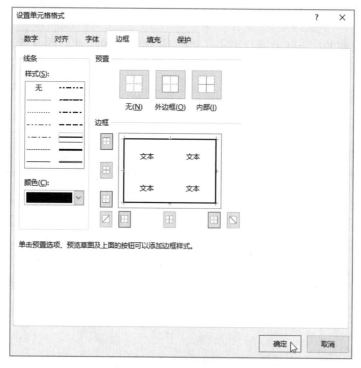

图5-4 设置外边框颜色和样式

步骤5:选中C3单元格,单击"字体"选项组中的"边框"下拉按钮,然后从弹出的下拉列表中选择"绘制边框"选项,如图5-5所示。

图5-5 启动绘制边框功能

步骤6:此时光标变成铅笔形状,将光标移动到合适位置,然后按住鼠标左键不放向右移动,绘制边框,如图5-6所示。

图5-6 绘制边框

步骤 7：绘制边框后，然后选中 B2:C7 单元格区域，单击"填充颜色"下拉按钮，从弹出的下拉列表中选择"橙色，个性 2，淡色 60%"选项，如图 5-7 所示。

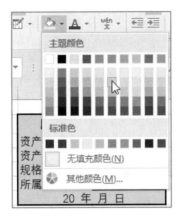

图 5-7 填充颜色

步骤 8：选中 C4 单元格，然后输入公式"=VLOOKUP(C3,固定资产管理表!$A:$E,3)"，按回车键确认，会自动显示"#N/A"，如图 5-8 所示。

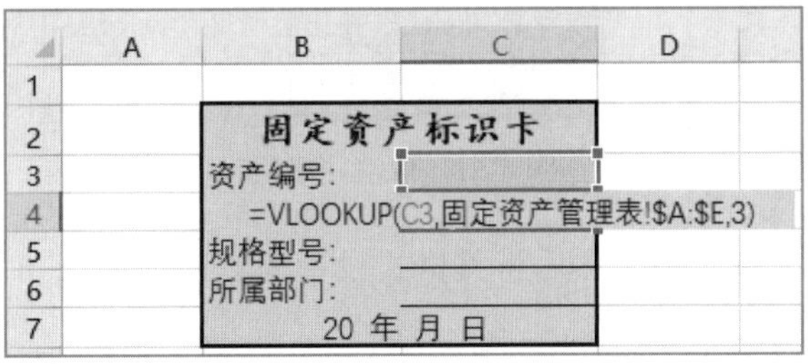

图 5-8 输入资产名称公式

步骤 9：选中 C5 单元格，然后输入公式"=VLOOKUP(C3,固定资产管理表!$A:$E,4)"，按回车键确认，会自动显示"#N/A"，如图 5-9 所示。

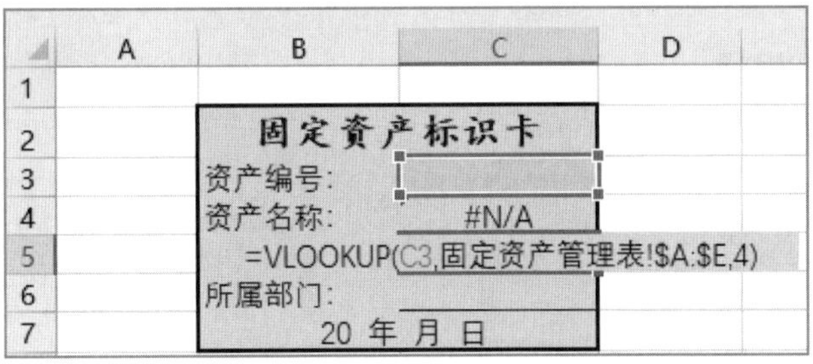

图 5-9 输入规格型号公式

步骤 10：选中 C6 单元格，然后输入公式"=VLOOKUP（C3,固定资产管理表!$A:$E,5）"，按回车键确认，会自动显示"#N/A"，如图 5-10 所示。

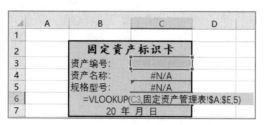

图 5-10　输入所属部门公式

步骤 11：打开"视图"选项卡，然后在"显示"选项组中取消"网格线"复选框的勾选，如图 5-11 所示。

图 5-11　取消网格线

步骤 12：选中 C3 单元格，然后将其格式设置为"自定义""00#"，如图 5-12 所示。

图 5-12　自定义单元格

步骤 13：在 C3 单元格中输入 4，然后查看最终效果，如图 5-13 所示。

图 5-13　固定资产标识卡效果图

5.2.2　创建固定资产折旧统计表

创建计提固定资产折旧的方法有很多种，包括平均年限法、工作量法、年数总和法、双倍余额递减法等。在计提折旧前，需要创建固定资产折旧统计表，下面介绍具体创建方法，步骤如下。

配套资源
第 5 章\固定资产折旧统计表模板—原始文件
第 5 章\固定资产折旧统计表—最终效果

步骤 1：打开"固定资产折旧统计表"工作表，然后按照"固定资产变更表"在表格中输入基本数据，如图 5-14 所示。

资产编号	资产名称	开始使用日期	可使用年限	已使用年限	资产原值	残值率	净残值	已计提月数	折旧方法	至上月止累计折旧	本月计提折旧额	本月末账面净值
001	厂房	2015/1/1	20		20000000	10%						
002	仓库	2015/1/1	20		8000000	10%						
003	办公楼	2016/7/1	20		10000000	10%						
004	货车	2015/3/1	10		650000	5%						
005	空调	2019/4/1	5		6000	5%						
006	电脑	2018/8/1	5		5000	5%						
007	生产机器	2020/5/1	6		500000	5%						
008	复印机	2020/6/1	5		8000	5%						
009	监控器	2021/1/1	4		8000	5%						
010	电脑	2019/7/1	5		6000	5%						
011	电脑	2021/12/6	5		5000	5%						

图 5-14　录入固定资产基本数据

步骤 2：在 B2 单元格中输入公式"=TODAY()"，然后按回车键确认，如图 5-15 所示。

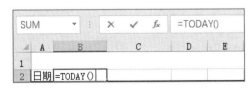

图 5-15　输入日期公式

步骤 3：在 E4 单元格中输入公式"=DAYS360（C4,$B$2）/360"，然后按回车键确认，如图 5-16 所示。

图 5-16　输入已使用日期公式

步骤 4：选中 H4 单元格，然后输入公式"= F4*G4"按回车键确认，计算净残值，如图 5-17 所示。

图 5-17　输入净残值计算公式

步骤 5：选中 I4 单元格，然后输入公式"=INT(DAYS360(C4,$B$2)/30)"，按回车键确认，计算已计提月数，如图 5-18 所示。

图 5-18　计算已计提月数

步骤 6：选中 E4 单元格区域，然后将光标移动到 E4 单元格的右下角，当光标变成 ✚ 形状时，按住鼠标左键不放，向下拖动填充公式，如图 5-19 所示。

图 5-19　填充公式

步骤 7：选中 H4:I4 单元格区域，将光标移动到 I4 单元格的右下角，当光标变成+形状时，按住鼠标左键不放，向下拖动填充公式，如图 5-20 所示。

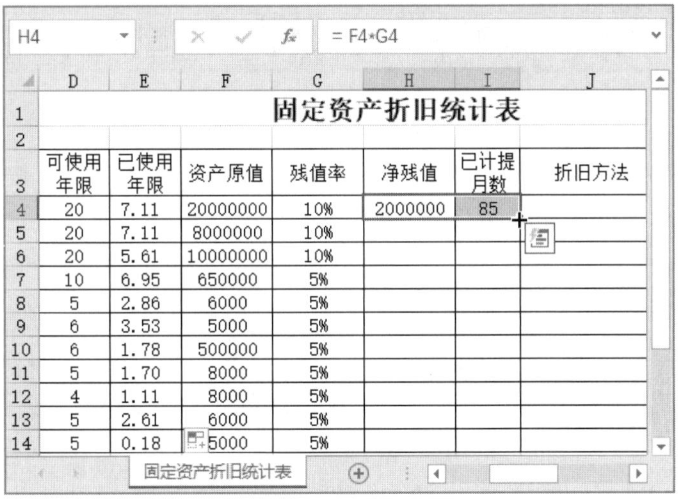

图 5-20 填充公式

步骤 8：公式填充完成后松开鼠标，查看固定资产折旧统计表的最终效果，如图 5-21 所示。

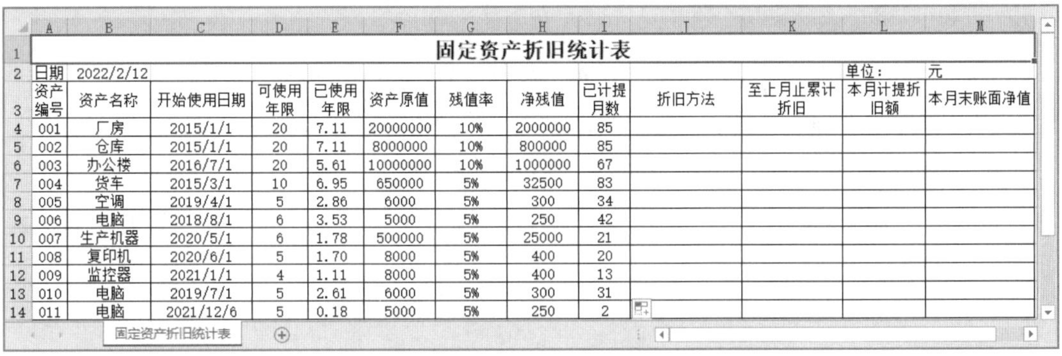

图 5-21 固定资产折旧统计表效果图

5.2.3 直线法的应用

直线法又称平均年限法，是将固定资产的应提折旧额均衡地分摊到各期的一种方法。用平均年限法计算每个月份和年份的折旧额是相等的。下面介绍使用平均年限法计提固定资产折旧的操作方法，具体如下。

配套资源
第 5 章\固定资产折旧统计表—原始文件
第 5 章\固定资产折旧表—最终效果

步骤 1：打开"固定资产折旧统计表"，将其重命名为"固定资产折旧表"，然后选中 J4 单元格，输入"平均年限法"，即使用平均年限法计提折旧，并将 J 列"居中对齐"，如图 5-22 所示。

图 5-22 输入折旧方法

步骤 2：选中 K4 单元格，输入公式"=SLN(F4,H4,D4)/12*I4"，按回车键确认，计算至上月止累计折旧额，如图 5-23 所示。

图 5-23 计算累计折旧

步骤 3：选中 L4 单元格，输入公式"=SLN(F4,H4,D4*12)"，按回车键确认，计算本月计提折旧额，如图 5-24 所示。

图 5-24 计算本月折旧额

步骤 4：选中 M4 单元格，输入公式"=F4–K4–L4"，按回车键确认，计算本月末账面净值，如图 5-25 所示。

图 5-25 计算本月账面净值

5.2.4 双倍余额递减法的应用

双倍余额递减法是在不考虑固定资产净残值的情况下，根据年初固定资产账面折余价值乘以双倍直线折旧率，计算各年折旧额的一种方法。由于双倍余额递减法一开始计提折旧就没有考虑净残值，因此必须对固定资产使用到期前剩余几年的折旧额进行调整，调整的方法是，在固定资产使用的最后几年，将双倍余额递减法转换为直线法以计提折旧。使用双倍余额递减法计算的折旧额小于采用直线法计算的折旧额时，应改为直线法计提折旧。下面将介绍使用双倍余额递减法计提固定资产折旧的操作方法，步骤如下。

步骤1：在"固定资产折旧表"中选中J5单元格，输入"双倍余额递减法"，然后在K5 中输入公式"= VDB(F5,H5,D5,0,INT(I5/12))+DDB(F5,H5,D5,INT(I5/12)+1)/12*MOD(I5,12)"，按回车键确认，计算累计折旧额，如图5-26所示。

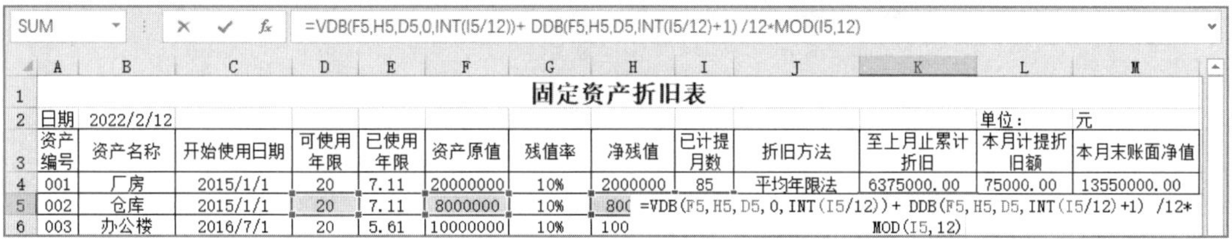

图 5-26　计算累计折旧额

步骤2：要计算本月计提折旧额，则需要选中L5单元格，然后单击"插入函数"按钮，如图5-27所示。

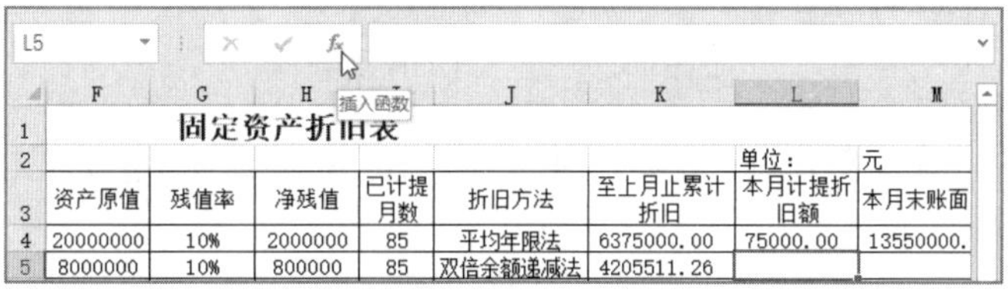

图 5-27　插入函数

步骤3：弹出"插入函数"对话框，在"或选择类别"下拉列表中选择"财务"选项，在"选择函数"列表框中选择DDB选项，单击"确定"按钮，如图5-28所示。

图 5-28　选择 DDB 函数

步骤 4：弹出"函数参数"对话框，在 Cost 文本框中输入 F5，在 Salvage 文本框中输入 H5，在 Life 文本框中输入 D5*12，在 Period 文本框中输入 I5，如图 5-29 所示。

图 5-29　输入 DDB 函数

步骤 5：单击"确定"按钮，返回工作表编辑区可以看到 L5 单元格中显示了计算的结果，如图 5-30 所示。

图 5-30　显示计算结果

步骤 6：选中 M5 单元格，输入公式"= F5–K5–L5"，按回车键确认，计算本月末账面净值，如图 5-31 所示。

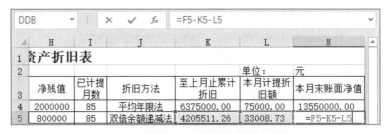

图 5-31　计算本月账面净值

5.2.5　年数总和法的应用

年数总和法又称使用年限积数法，是根据固定资产在折旧年限内的应计折旧总额，乘以一个逐年递减的分数计算每年的折旧额。下面介绍使用年数总和法计提固定资产折旧的操作方法，具体如下。

步骤 1：在 J6 单元格中输入"年数总和法"，选中 L6 单元格，单击"插入函数"按钮，如图 5-32 所示。

图 5-32　插入函数

步骤 2：弹出"插入函数"对话框，在"或选择类别"下拉列表中选择"财务"选项，在"选择函数"列表框中选择 SYD 选项，单击"确定"按钮，如图 5-33 所示。

图 5-33　选择 SYD 函数

步骤 3："函数参数"对话框，在 Cost 文本框中输入 F6，在 Salvage 文本框中输入 H6，在 Life 文本框中输入 D6*12，在 Period 文本框中输入 I6，如图 5-34 所示。

图 5-34 输入 SYD 函数

步骤 4：单击"确定"按钮，返回工作表编辑区，可以看到 L6 单元格中显示了计算的结果，如图 5-35 所示。

H	I	J	K	L	M
资产折旧表					
				单位：	元
净残值	已计提月数	折旧方法	至上月止累计折旧	本月计提折旧额	本月末账面净值
2000000	85	平均年限法	6375000.00	75000.00	13550000.00
800000	85	双倍余额递减法	4205511.26	33008.73	3761480.01
1000000	67	年数总和法		54149.38	

图 5-35 显示计算结果

步骤 5：选中 K7 单元格，输入公式"=SYD（F7,H7,D7,1）+SYD（F7,H7,D7,2）+SYD（F7,H7,D7,3）–SYD（F7,H7,D7*12,I7）–SYD（F7,H7,D7*12,17+1）"，然后按回车键确认，如图 5-36 所示。

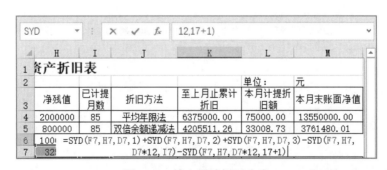

图 5-36 输入累计折旧公式

步骤 6：选中 M6 单元格，输入公式"=F6–K6–L6"，如图 5-37 所示。

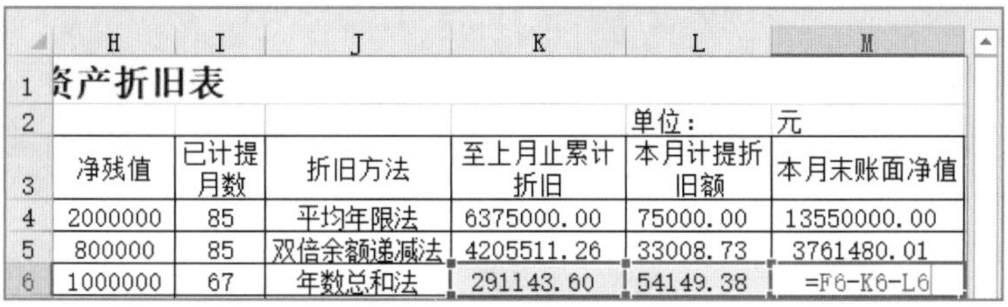

第5章　Excel 在固定资产管理中的应用

图 5-37　本月账面净值公式

步骤 7：按回车键确认，最终效果如图 5-38 所示。

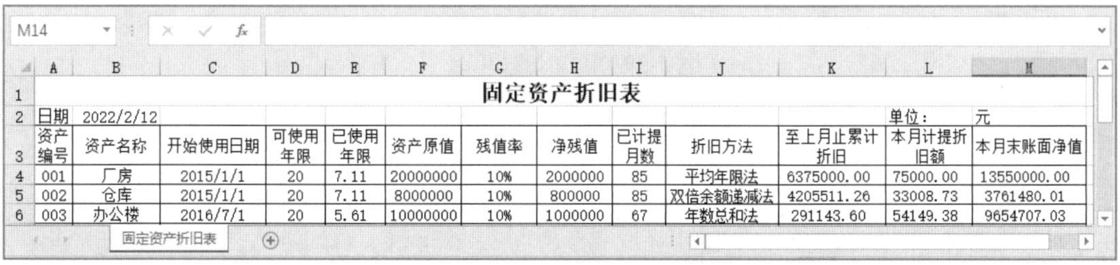

图 5-38　固定资产折旧表效果图

5.3　固定资产的变更

5.3.1　增加固定资产

在企业日常经营中，固定资产是随时发生变化的。固定资产可以通过自建、接受捐赠、直接购买等途径增加，也会通过报废、出售等途径减少。不管是固定资产的增加、减少还是部门之间的调拨都要计入固定资产的核算之中。固定资产新增是指企业通过自建、投资者投入、接受捐赠、直接购买、部门调拨等途径增固定资产存量。

红日公司销售部于 2021 年 12 月 6 日购入戴尔电脑一台，作为办公设备投入使用，价值 5000 元，使用年限是 5 年。在固定资产管理表中，可以使用记录单添加固定资产信息。

步骤 1：打开"固定资产管理表"工作表，在"自定义快速访问工具栏"的下拉菜单中，单击"其他命令"，然后在下拉菜单中选择"不在功能区中的命令"，选择"记录单"命令，最后点击"添加"后进行"确认"，如图 5-39 所示。

步骤 2：选中 A3：L13 单元格区域，单击"记录单"按钮，然后弹出"固定资产管理表"对话框，在对话框中显示了固定资产管理表中的第一条信息，单击"新建"按钮，如图 5-40 所示。

步骤 3：弹出一个空白的记录单，其中列出了固定资产的各个属性，如图 5-41 所示。

步骤 4：在对应的文本框中输入固定资产的编号为"11"，并将"销售部 2021 年 12 月 6 日购入戴尔电脑作为办公设备投入使用，价值 5000 元，使用年限是 5 年"等信息录入，然后单击"关闭"按钮，如图 5-42 所示。

图 5-39　添加记录单命令

图 5-40　新建记录单

图 5-41　空白记录单

图 5-42　录入新增固定资产信息

步骤 5：此时，在固定资产管理表中，就添加了一条固定资产记录，如图 5-43 所示。

当前日期:	2022/2/11						固定资产管理表			单位:	元
资产编号	形态类别	资产名称	规格型号	所属部门	使用状态	增加方式	减少方式	开始使用日期	可使用年限	已使用年限	资产原值
001	房屋	厂房	2000平方米	生产部	在用	自建		2015/1/1	20	7	20000000
002	房屋	仓库	1500平方米	销售部/采购部	在用	自建		2015/1/1	20	7	8000000
003	房屋	办公楼	1200平方米	所有部门	在用	自建		2016/7/1	20	6	10000000
004	运输设备	货车	15吨	生产部	在用	投资者投入		2015/3/1	10	7	650000
005	办公设备	空调	格力	研发部	在用	直接购入		2019/4/1	5	3	6000
006	办公设备	电脑	华为	财务部	在用	直接购入		2018/8/1	6	4	5000
007	生产设备	生产机器	华威	生产部	在用	直接购入		2020/5/1	6	2	500000
008	办公设备	复印机	惠普	财务部	在用	捐赠		2020/6/1	5	2	8000
009	电子设备	监控器	华夏	销售部	在用	直接购入		2021/1/1	4	1	8000
010	办公设备	电脑	联想	采购部	在用	直接购入		2019/7/1	5	3	6000
011	办公设备	电脑	戴尔	销售部	在用	直接购入		2021/12/6	5	0	5000

图 5-43　固定资产变更效果图

5.3.2　减少固定资产

固定资产随着年限到期或者其他原因无法继续使用时，需要将固定资产处理掉。这时，在固定资产管理表中需要修改其使用状态，并注明其减少方式。下面介绍资产编号为 010 固定资产报废的处理操作，具体如下。

步骤 1：打开"固定资产管理表"工作表，然后选中 A3:L3 单元格区域，即列标题，如图 5-44 所示。

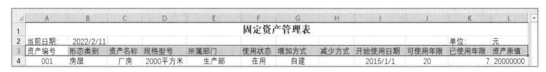

图 5-44　选中列标题单元格区域

步骤 2：打开"数据"选项卡，单然后击"排序和筛选"选项组中的"筛选"按钮，如图 5-45 所示。

图 5-45　启动筛选功能

步骤 3：为列标题添加"筛选"按钮后，然后单击"资产编号"下拉按钮，在弹出的下拉列表的"搜索"文本框中输入 010，单击"确定"按钮，如图 5-46 所示。

图 5-46　搜索资产

步骤 4：单击 F13 单元格右侧的下拉按钮，然后在弹出的下拉列表中选择"报废"选项，如图 5-47 所示。

图 5-47　改变资产使用状态

步骤 5：单击 H13 单元格侧的下拉按钮，然后在弹出的下拉列表中选择"报废"选项，如图 5-48 所示。

图 5-48　改变资产减少方式

步骤 6：单击"排序和筛选"选项组中的"清除"按钮，退出筛选状态，如图 5-49 所示。

图 5-49　退出筛选状态

步骤 7：查看最终效果，如图 5-50 所示。

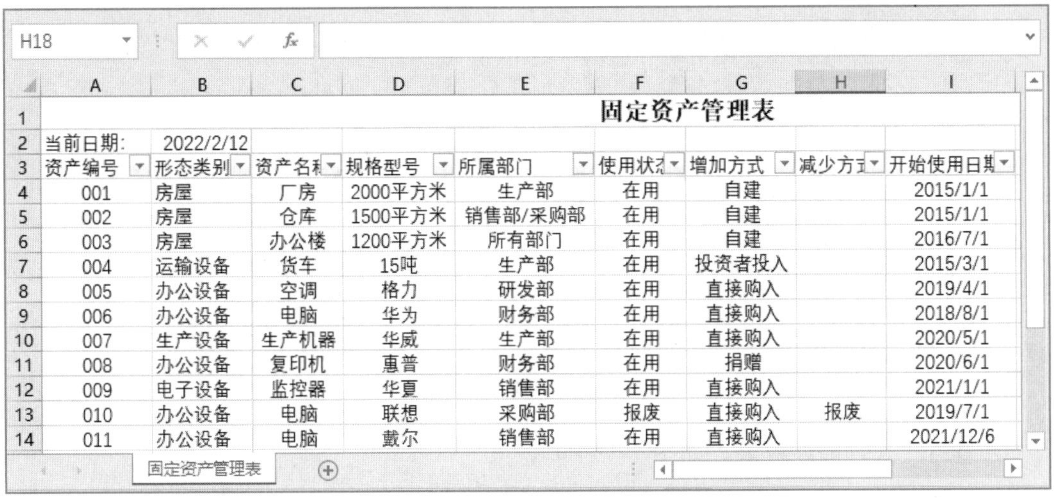

	A	B	C	D	E	F	G	H	I
1						固定资产管理表			
2	当前日期:	2022/2/12							
3	资产编号	形态类别	资产名称	规格型号	所属部门	使用状态	增加方式	减少方式	开始使用日期
4	001	房屋	厂房	2000平方米	生产部	在用	自建		2015/1/1
5	002	房屋	仓库	1500平方米	销售部/采购部	在用	自建		2015/1/1
6	003	房屋	办公楼	1200平方米	所有部门	在用	自建		2016/7/1
7	004	运输设备	货车	15吨	生产部	在用	投资者投入		2015/3/1
8	005	办公设备	空调	格力	研发部	在用	直接购入		2019/4/1
9	006	办公设备	电脑	华为	财务部	在用	直接购入		2018/8/1
10	007	生产设备	生产机器	华威	生产部	在用	直接购入		2020/5/1
11	008	办公设备	复印机	惠普	财务部	在用	捐赠		2020/6/1
12	009	电子设备	监控器	华夏	销售部	在用	直接购入		2021/1/1
13	010	办公设备	电脑	联想	采购部	报废	直接购入	报废	2019/7/1
14	011	办公设备	电脑	戴尔	销售部	在用	直接购入		2021/12/6

图 5-50　最终效果图

5.3.3　调拨固定资产

固定资产在部门间的调拨是资源在企业内部进行优化配置的过程。固定资产调拨可以提高固定资产的使用效率，最大限度地发挥其使用价值。下面介绍将资产编号为 007 的设备从财务部调拨到人事部的操作方法，具体如下。

步骤 1：打开“固定资产管理表”工作表，找到资产编号为 007 的生产设备记录，选中 E10 单元格，将“生产部”修改为“财务部”，如图 5-51 所示。

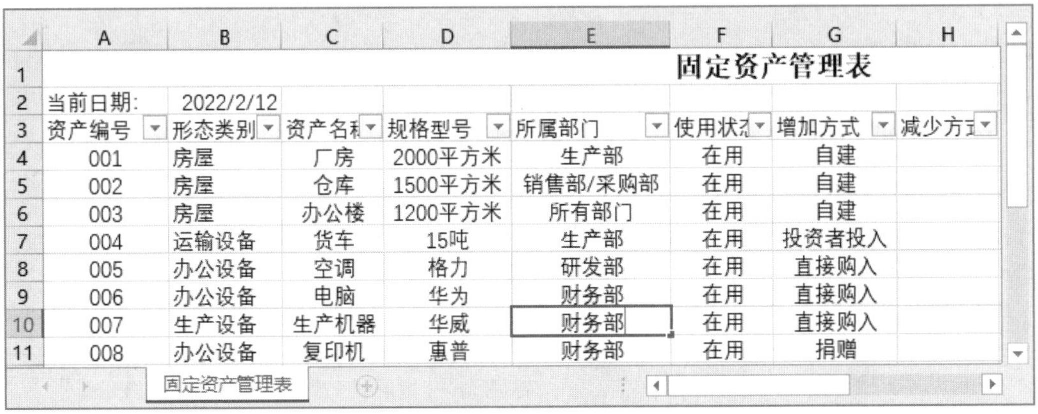

	A	B	C	D	E	F	G	H
1						固定资产管理表		
2	当前日期:	2022/2/12						
3	资产编号	形态类别	资产名称	规格型号	所属部门	使用状态	增加方式	减少方式
4	001	房屋	厂房	2000平方米	生产部	在用	自建	
5	002	房屋	仓库	1500平方米	销售部/采购部	在用	自建	
6	003	房屋	办公楼	1200平方米	所有部门	在用	自建	
7	004	运输设备	货车	15吨	生产部	在用	投资者投入	
8	005	办公设备	空调	格力	研发部	在用	直接购入	
9	006	办公设备	电脑	华为	财务部	在用	直接购入	
10	007	生产设备	生产机器	华威	财务部	在用	直接购入	
11	008	办公设备	复印机	惠普	财务部	在用	捐赠	

图 5-51　修改资产所属部门

步骤 2：单击 G10 单元格右侧的下拉按钮，在弹出的下拉列表中选择“调拨”选项，完成固定资产的调拨操作，如图 5-52 所示。

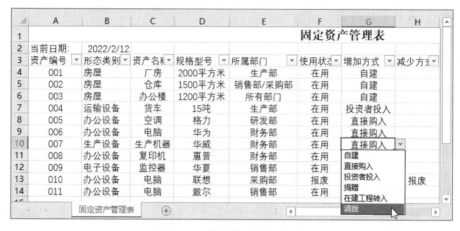

图 5-52　修改资产增加方式

步骤 3：查看最终效果，如图 5-53 所示。

图 5-53　最终效果图

拓展实训

一、实训目的

学会运用 Excel 对固定资产进行管理。

二、实训资料

宏达公司固定资产信息。

编号	资产名称	开始使用日期	可使用年限	已使用年限	资产原值	残值率	净残值	已计提月数	折旧方法	本月计提折旧额
001	办公楼	2017/1/1	30		10000000	10%				
002	车间	2018/1/1	30		7000000	10%				
003	仓库	2019/7/1	30		10000000	10%				
004	客车	2017/3/1	15		650000	5%				

续表

编号	资产名称	开始使用日期	可使用年限	已使用年限	资产原值	残值率	净残值	已计提月数	折旧方法	本月计提折旧额
005	电脑	2019/1/1	5		6000	5%				
006	会议桌	2019/8/1	6		3000	5%				
007	打印机	2020/5/1	5		5000	5%				
008	监控器	2020/6/1	5		8000	5%				
009	电脑	2020/1/1	4		8000	5%				
010	电脑	2019/7/1	5		6000	5%				

三、实训要求

1. 创建固定资产标识卡；

2. 将表格中固定资产信息补充完整。

（1）将编号为 001—003 的资产，应用平均年限法计提折旧；

（2）将编号为 004—006 的资产，应用双倍余额递减法计提折旧；

（3）将编号为 007—010 的资产，应用年度总和法计提折旧。

即测即练

第 6 章

Excel 在成本费用管理中的应用

学习目标

知识目标：

1. 理解成本费用管理相关的业务处理流程；
2. 掌握成本预测法的应用及成本分析表的编制方法；
3. 掌握费用统计与预测方法的应用及图表的创建方法。

能力目标：

1. 理解成本分析表创建步骤；
2. 掌握 Excel 2016 在成本预测中的应用方法；
3. 学会应用 Excel 2016 编制费用统计表；
4. 掌握费用预测法的应用方法。

学习重难点：

1. 掌握成本分析表编制法并建立成本比例图；
2. 掌握费用统计表创建方法并创建费用变动图表。

工作情境与分析

小张在华联公司利用 Excel 会计电算化进行日常业务管理和核算，极大地提高了工作效率，公司现要求小张利用 Excel 2016 对成本费用进行管理，小张接受了这项任务，开始学习成本费用相关知识并整理成本费用数据，为进行成本费用管理做好准备。根据管理者的需求，进行成本费用分析时需完成以下几个任务：创建成本预测表→编制成本分析表→建立成本比例图→创建费用统计表→编制费用预测表→建立费用变动图表。

6.1 基础知识储备

6.1.1 成本费用的认知

成本与费用是两个既有相互联系又存在重大区别的会计概念，就一般意义而言，成本费用泛指企业在生产经营中所发生的各种资金耗费。企业的成本费用，就其经济实质来看，是产品价值构成中"c＋v"两部分价值的等价物，用货币形式来表示，也就是企业在产品经营中所耗费的资金的总和。

1. 成本

成本往往与一定的对象联系，实质上是某种资产转变为另一种资产。例如，材料的消耗变成了在产品。在资产负债表中，成本往往是以存货、在建工程等资产的形式列示；在利润表中，它是以营业成本形式列示的。我们需要对成本变化的因素进行层层深入的剖析，需要追究是什么原因导致当前成本的变化，将对未来会产生何种影响。

2. 费用

费用往往与一定的期间联系，我们习惯称之为期间费用，它主要包括销售费用、财务费用、管理费用。它们在发生时直接计入当期损益，抵减利润，期间费用主要在利润表中列示。一般而言，期间费用中固定成本居多。所以，各期的期间费用变动幅度一般不会很大。但若有较大幅度的变动，往往预示着有重大的事项发生。例如，营业费用的剧增，意味着公司销售政策的变化或是某种新产品推广的需要；财务费用的大幅变化，意味企业大额筹资行为的发生或偿还；管理费用的变化，可能是人员聘用工资政策调整所致。对于期间费用的变化，我们需要考虑其与营业收入的配比程度。

6.1.2 成本和费用的区别

成本与费用的区别如下。

1. 概念不同

费用是企业在日常活动中发生的会导致所有者权益减少的、与向所有者分配利润无关的经济利益的总流出。

成本是商品经济的价值范畴，是商品价值的组成部分。人们要进行生产经营活动或达到一定的目的，就必须耗费一定的资源，其所费资源的货币表现及其对象化称之为成本。并且随着商品经济的不断发展，成本概念的内涵和外延都处于不断地变化发展之中。

2. 内容不同

成本，是指生产活动中所使用的生产要素的价格，成本也称生产费用。企业为生产商品和提供劳务等所耗费物化劳动、活劳动中必要劳动的价值的货币表现，是商品价值的重要组成部分。成本是商品经济的一个经济范畴。成本的构成内容要服从管理的需要，并且随着管理的发展而发展。

国家规定成本的构成内容主要包括：原料、材料、燃料等费用，表现商品生产中已耗费的劳动对象的价值；折旧费用，表现商品生产中已耗费的劳动对象的价值；工资，表现生产者的必要劳动所创造的价值。

费用，企业所得税法术语，即纳税人为生产、经营商品和提供劳务等所发生的销售（经营）费用、管理费用和财务费用。支出即是成本、费用实际发生时的支付方式。

3. 计算期和计算依据不同

费用的计算期与会计期间相联系，产品成本一般与产品的生产周期相联系。费用的计算是以直接费用、间接费用为依据确定。产品成本是以一定的成本计算对象为依据。

6.1.3 成本费用管理的内容

成本费用是企业生产经营过程中资金消耗的反映，可以理解为企业为取得预期收益而发生的各项支出，主要包括制造成本和期间费用等。成本费用是衡量企业内部运行效率的重要指标，在收入一定的情况下，它直接决定了公司的盈利水平。成本费用指标在促进企业提高经营管理水平、降低生产经营中的劳动耗费方面起着十分重要的作用。成本费用管理是指企业对在生产经营过程中全部费用的发生和产品成本的形成所进行的计划、控制、核算、分析和考核等一系列科学管理工作的总称。加强成本费用管理，具有重要意义。它既是企业提高经营管理水平的重要因素，也是企业增加盈利的要求，并且为企业抵抗内外压力、求得生存发展提供了可靠保障。

成本费用管理的主要内容如下。

（1）成本预测。成本预测是指依据成本与各种技术经济因素的依存关系，结合企业发展前景以及采取的各种措施，通过对影响成本变动的有关因素的分析测算，采用科学方法，对未来成本水平及其变化趋势作出的科学估计。

（2）成本决策。成本决策是指为了实现目标成本，在取得大量信息资料的基础上，借助一定手段、方法，进行计算和判断，比较各种可行方案的不同成本，从中选择一个技术上先进、经济上合理的优秀方案的过程。

（3）成本计划。成本计划是指以货币形式预先规定企业计划期内完成生产任务所需耗费的费用数额，并确定各种产品的成本水平和降低成本的任务。

（4）成本核算。成本核算是指根据会计学的原理、原则和规定的成本项目，按照账簿记录，通过各项费用的归集和分配，采用适当的成本计算方法，计算出完工产品成本和期末产品成本，并进行相应的账务处理。

（5）成本控制。成本控制是指在生产经营过程中，按照规定的标准调节影响成本的各种因素，使生产耗费控制在预定的范围内，包括事前成本控制、日常成本控制和事后成本控制。

（6）成本考核。成本考核是将会计报告期成本实际完成数额与计划指标、定额指标、预算指标进行对比，来评价各个成本责任中心成本管理工作的成绩和水平的一项工作，是检验成本管理目标是否达到的一个重要环节。

6.2　成本管理与分析

6.2.1　创建成本预测表

配套资源
第 6 章\成本预测表—原始文件
第 6 章\成本预测表—最终效果

成本预测是企业进行成本决策和编制成本计划的依据，是降低产品成本的重要措施，另外还是增强企业竞争力和提高企业经济效益的主要手段。常用的成本预测方法有：历史成本分析法、因素分析法及比例分析法等。其中因素分析法是在上年成本水平的基础上，分析预测影响成本的各项因素，再按成本组成项目及各自的影响因素预测成本同上年相比的降低额及降低率的一种分析方法。本章着重介绍 Excel 2016 在因素分析法中的应用步骤如下。

步骤 1：打开应用因素分析法的“成本预测表”工作表，然后按照“成本数据表”输入基础数据，如图 6-1 所示。

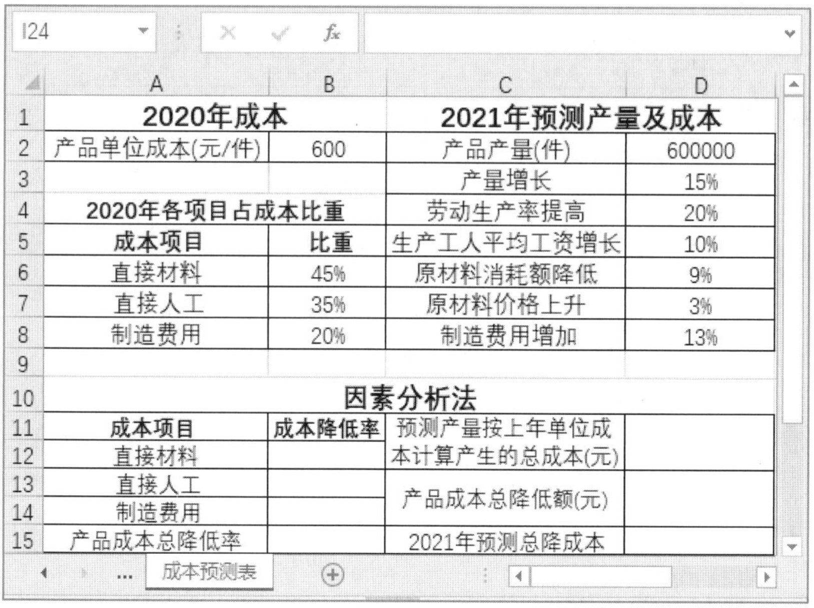

	A	B	C	D
1	2020年成本		2021年预测产量及成本	
2	产品单位成本(元/件)	600	产品产量(件)	600000
3			产量增长	15%
4	2020年各项目占成本比重		劳动生产率提高	20%
5	成本项目	比重	生产工人平均工资增长	10%
6	直接材料	45%	原材料消耗额降低	9%
7	直接人工	35%	原材料价格上升	3%
8	制造费用	20%	制造费用增加	13%
9				
10	因素分析法			
11	成本项目	成本降低率	预测产量按上年单位成本计算产生的总成本(元)	
12	直接材料			
13	直接人工		产品成本总降低额(元)	
14	制造费用			
15	产品成本总降低率		2021年预测总降低成本	

图 6-1　输入成本数据

步骤 2：在单元格 B12 中输入公式“=(1−(1−D6)*(1+D7))*B6”，然后按“Enter”键确认输入，得到直接材料项目的成本降低率，如图 6-2 所示。

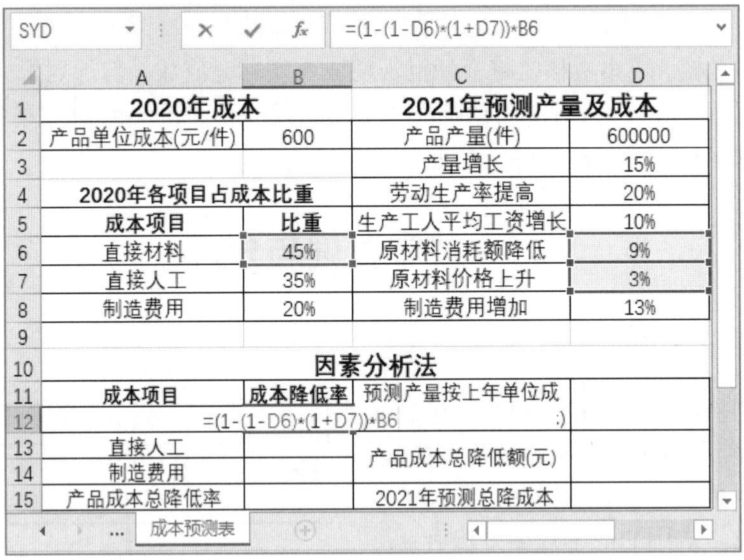

图 6-2 输入公式（一）

步骤 3：在单元格 B13 中输入公式"＝(1－(1＋D5)/(1＋D4))*B7"，按"Enter"键确认输入，得到直接人工项目的成本降低率，如图 6-3 所示。

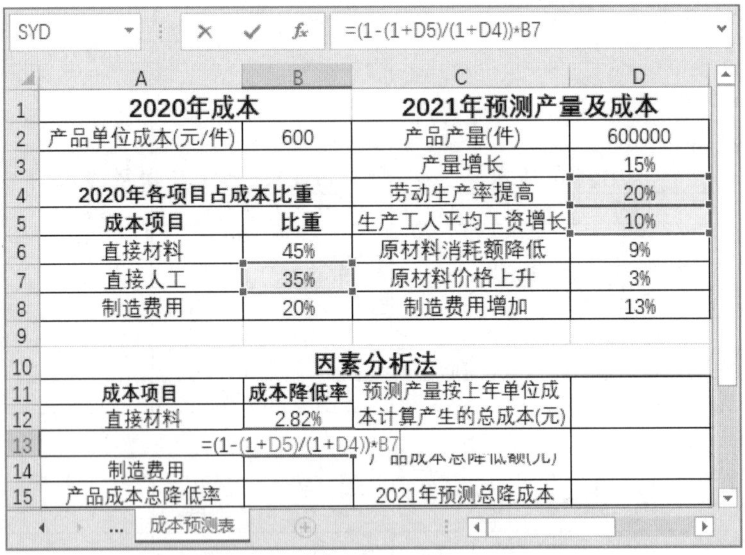

图 6-3 输入公式（二）

步骤 4：在单元格 B14 中输入公式"＝(1－(1＋D8)/(1＋D3))*B8"，按"Enter"键确认输入，得到制造费用项目的成本降低率，如图 6-4 所示。

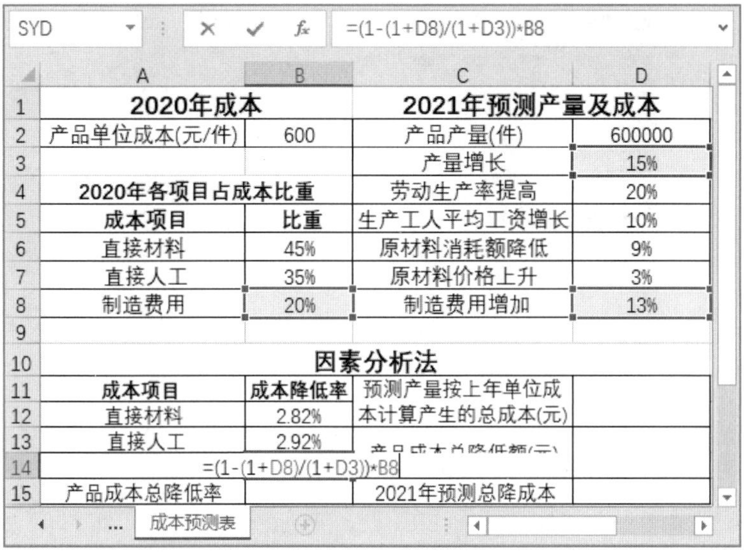

图 6-4　输入公式（三）

步骤 5：在单元格 B15 中输入公式"= SUM(B12:B14)"，按"Enter"键确认输入，得到产品成本总降低率，如图 6-5 所示。

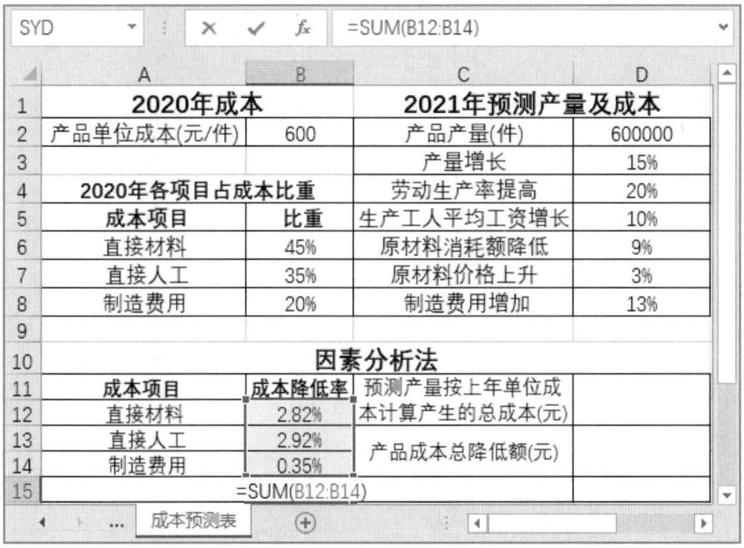

图 6-5　输入公式（四）

步骤 6：选择 B12:B15 单元格区域，单击鼠标右键选择"设置单元格格式"，然后在对话框中选择"数字"分类下的"百分比"，小数位数输入"2"，如图 6-6 所示。

图 6-6 设置单元格格式

步骤 7：在单元格 D11 中输入公式"=B2*D2"，按"Enter"键确认输入，得到产品预测产量按上年单位成本计算产生的总成本，结果如图 6-7 所示。

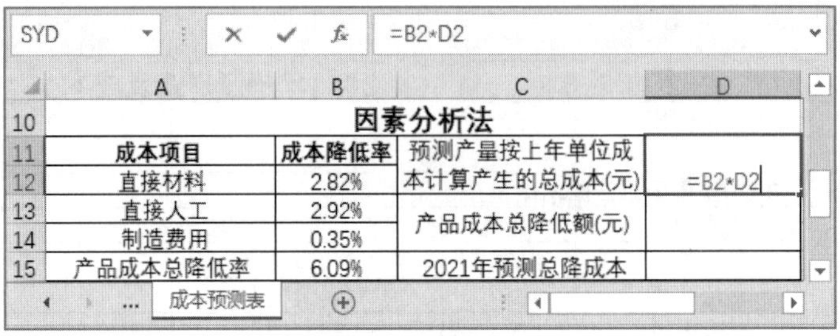

图 6-7 输入公式（五）

步骤 8：在单元格 D13 中输入公式"=B15*D11"，按"Enter"键确认输入，得到产品成本降低总额，如图 6-8 所示。

图 6-8 输入公式（六）

步骤 9：在单元格 D15 中输入公式"=D11–D13"，按"Enter"键确认输入，得到产品的预测总成本，如图 6-9 所示。

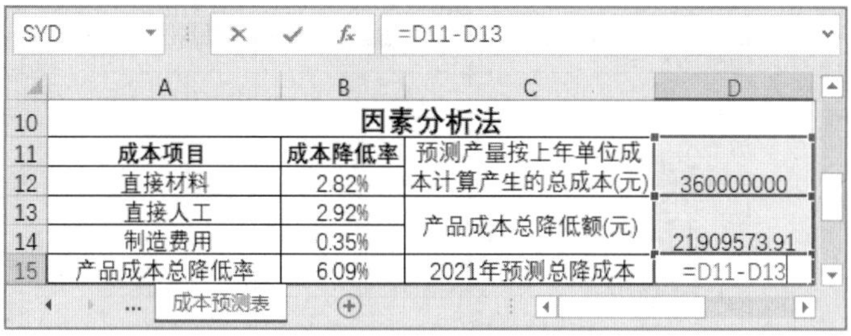

图 6-9　输入公式（七）

步骤 10：最终形成的效果图，如图 6-10 所示。

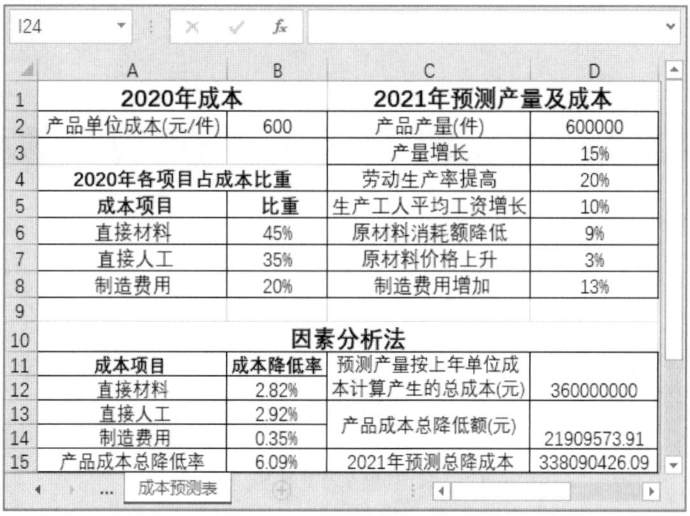

图 6-10　成本预测表效果图

6.2.2　编制成本分析表

成本分析是成本管理的一项重要内容，主要是以审核的结果和成本核算所提供的信息为基础，并结合计划、定额、预算、统计、技术等数据资料，按照一定的原则和采用一定的方法对成本管理体系和影响成本的各种因素进行分析，找出产生事件、不符合成本范围的开支和成本升高的主要原因，并采取适当的纠正措施，以消除这些原因。此外，成本分析活动还应包括发现、认识和研究成本发生和构成的规律以及成本的发展趋势。下面以红日公司为例来说明如何进行成本分析，建立成本分析工作表的步骤如下。

配套资源
第 6 章\无—原始文件
第 6 章\成本分析表—最终效果

步骤 1：新建一张空白工作表，然后按照图 6-11 输入成本的各个项目并调整格式，最后输入编制单位"红日公司"，此时就建立了基本的表格，如图 6-11 所示。

图 6-11　建立表格

步骤 2：为了使成本表更加美观，可以去掉网格线，首先切换到"视图"选项卡，然后在"显示"选项组中取消"窗口选项"区域中"网格线"复选框的选中状态，如图 6-12 所示。

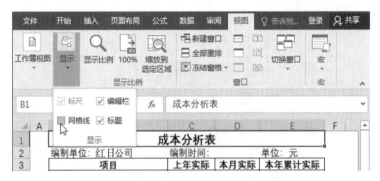

图 6-12　取消网格线复选框选中状态

步骤 3：返回到工作表中，显示效果，如图 6-13 所示。

图 6-13　取消网格线的效果图

步骤 4：设置编制时间，选中单元格 D2，在"公式"选项卡中，选择"插入函数"命令，弹出"插入函数"对话框。在"选择类别"下拉列表框中选择"日期与时间"，在"选择函数"列表框中选择"NOW"函数，如图 6-14 所示。

图 6-14　选择 NOW 函数

步骤 5：单击"确定"按钮，弹出"函数参数"对话框，在其中显示出"该函数不需要参数"的提示信息，如图 6-15 所示。

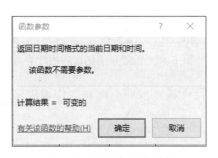

图 6-15　函数参数对话框

步骤 6：单击"确定"按钮返回到工作表中，此时，单元格 D2 中即显示出编制成本分析表的当前时间，如图 6-16 所示。

图 6-16　函数参数对话框

步骤 7：右击单元格 D2，在弹出的快捷菜单中选择“设置单元格格式”选项，弹出对话框，切换到“数字”选项卡，在“分类”列表框中选择“日期”选项，然后在右侧的“类型”列表框中选择“*2012 年 3 月 14 日”类型，如图 6-17 所示。

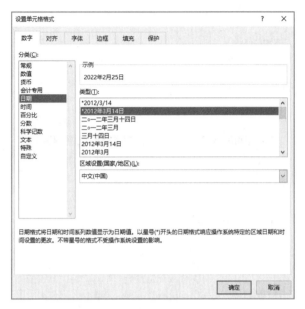

图 6-17　设置单元格日期格式

步骤 8：单击“确定”按钮返回到工作表中，此时的时间显示效果，如图 6-18 所示。

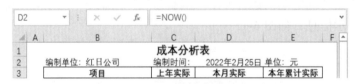

图 6-18　设置日期格式后的效果

步骤 9：输入数据并进行审核，按照下图在工作表中输入各个项目已发生的数据，如图 6-19 所示。

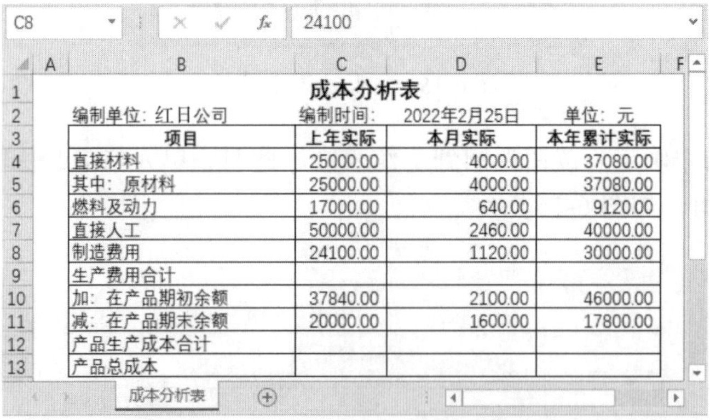

项目	上年实际	本月实际	本年累计实际
直接材料	25000.00	4000.00	37080.00
其中：原材料	25000.00	4000.00	37080.00
燃料及动力	17000.00	640.00	9120.00
直接人工	50000.00	2460.00	40000.00
制造费用	24100.00	1120.00	30000.00
生产费用合计			
加：在产品期初余额	37840.00	2100.00	46000.00
减：在产品期末余额	20000.00	1600.00	17800.00
产品生产成本合计			
产品总成本			

图 6-19　输入已发生数据

步骤 10：在单元格 C9 中输入公式“=SUM(C6:C8,C4)”，按“Enter”键确认输入，如图 6-20 所示。

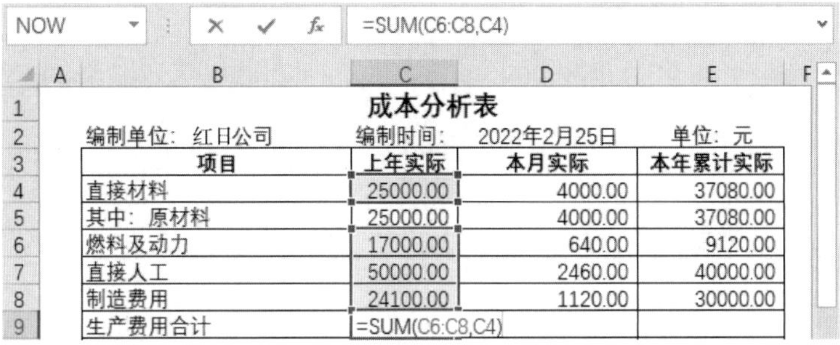
NOW　=SUM(C6:C8,C4)

成本分析表			
编制单位：红日公司	编制时间：	2022年2月25日	单位：元
项目	上年实际	本月实际	本年累计实际
直接材料	25000.00	4000.00	37080.00
其中：原材料	25000.00	4000.00	37080.00
燃料及动力	17000.00	640.00	9120.00
直接人工	50000.00	2460.00	40000.00
制造费用	24100.00	1120.00	30000.00
生产费用合计	=SUM(C6:C8,C4)		

图 6-20　计算生产费用合计

步骤 11：选中 C9 单元格，然后鼠标放在右下角当出现✚形状时，向右拖曳至 E9 单元格，将此公式填充至单元格区域 D9:E9 中，得到生产费用合计，如图 6-21 所示。

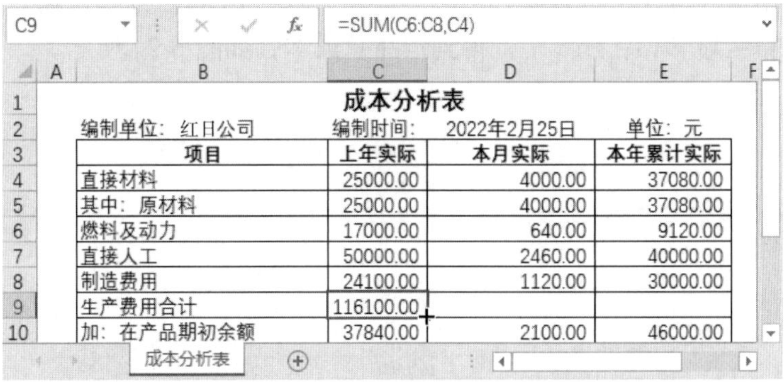
C9　=SUM(C6:C8,C4)

成本分析表			
编制单位：红日公司	编制时间：	2022年2月25日	单位：元
项目	上年实际	本月实际	本年累计实际
直接材料	25000.00	4000.00	37080.00
其中：原材料	25000.00	4000.00	37080.00
燃料及动力	17000.00	640.00	9120.00
直接人工	50000.00	2460.00	40000.00
制造费用	24100.00	1120.00	30000.00
生产费用合计	116100.00		
加：在产品期初余额	37840.00	2100.00	46000.00

成本分析表

图 6-21　填充生产费用合计公式

步骤 12：在单元格 C12 输入公式=C9+C10–C11，按“Enter”键确认输入，如图 6-22 所示。

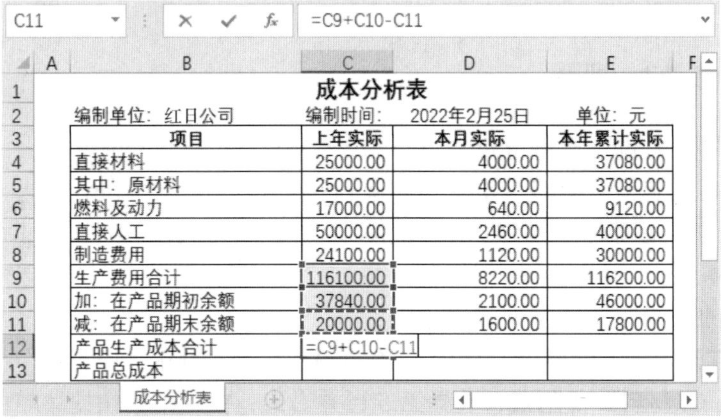
C11　=C9+C10-C11

成本分析表			
编制单位：红日公司	编制时间：	2022年2月25日	单位：元
项目	上年实际	本月实际	本年累计实际
直接材料	25000.00	4000.00	37080.00
其中：原材料	25000.00	4000.00	37080.00
燃料及动力	17000.00	640.00	9120.00
直接人工	50000.00	2460.00	40000.00
制造费用	24100.00	1120.00	30000.00
生产费用合计	116100.00	8220.00	116200.00
加：在产品期初余额	37840.00	2100.00	46000.00
减：在产品期末余额	20000.00	1600.00	17800.00
产品生产成本合计	=C9+C10-C11		
产品总成本			

成本分析表

图 6-22　输入成本合计计算公式

步骤13：将此公式填充至单元格区域D12∶E12中，得到产品生产成本合计，如图6-23所示。

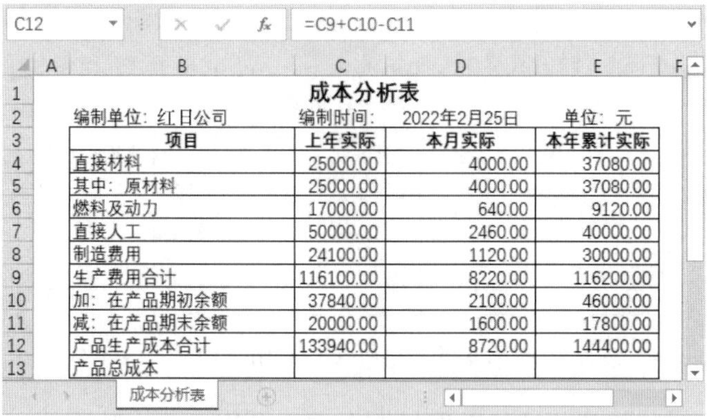

图6-23　计算生产成本合计

步骤14：在单元格C13中输入公式"=C12"，按"Enter"键确认输入，然后将此公式填充至单元格区域D13∶E13中，得到产品总成本，如图6-24所示。

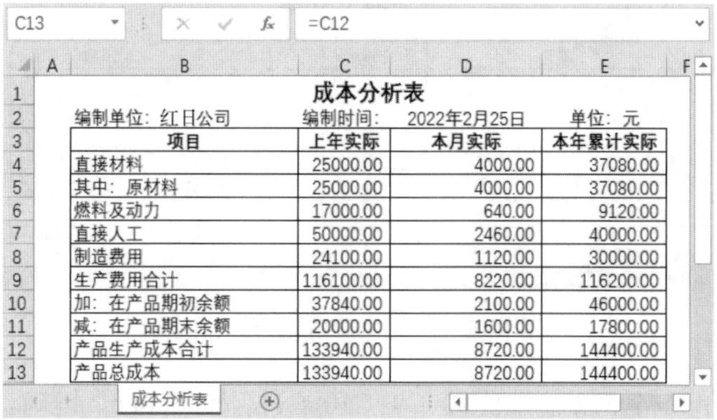

图6-24　成本分析表效果图

6.2.3　建立成本比例图

对各项成本项目进行比例分析，可以为企业控制成本、制定经营策略提供依据。成本比例以图示的形式表现，有利于管理决策者更直观地掌握各部分成本的比例情况。建立成本比例图的步骤如下。

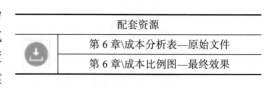

配套资源
第6章\成本分析表—原始文件
第6章\成本比例图—最终效果

步骤1：打开"成本分析表"，由于"直接材料"和"其中：原材料"行的数据重复，可以将"其中：原材料"行隐藏，选择第5行并右击，在弹出的快捷菜单中选择"隐藏"选项，如图6-25所示。

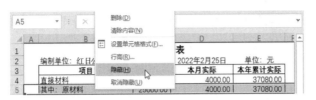

图 6-25 隐藏数据

步骤 2：选择“插入”选项卡当中的“图表”选项组，然后在“饼图”的下拉菜单中选择“三维饼图”，如图 6-26 所示。

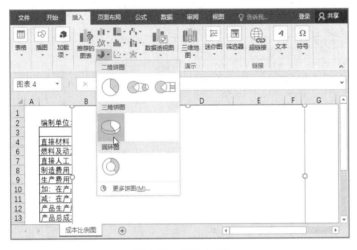

图 6-26 插入饼图

步骤 3：单击确定键之后，一个新的空白框“图表区”就会出现在当前表格中，然后适当调整图表大小及位置，如图 6-27 所示。

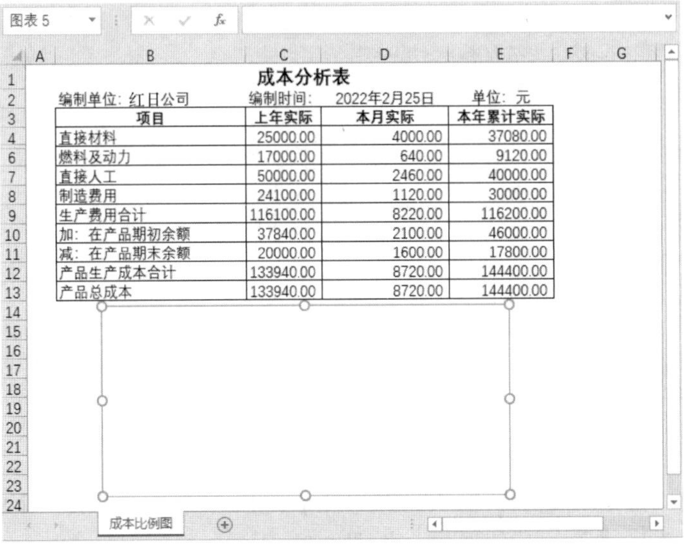

项目	上年实际	本月实际	本年累计实际
直接材料	25000.00	4000.00	37080.00
燃料及动力	17000.00	640.00	9120.00
直接人工	50000.00	2460.00	40000.00
制造费用	24100.00	1120.00	30000.00
生产费用合计	116100.00	8220.00	116200.00
加：在产品期初余额	37840.00	2100.00	46000.00
减：在产品期末余额	20000.00	1600.00	17800.00
产品生产成本合计	133940.00	8720.00	144400.00
产品总成本	133940.00	8720.00	144400.00

图 6-27 调整图表大小及位置

步骤4：右键单击图表区域，然后在弹出的菜单中选择"选择数据"，如图6-28所示。

图6-28 选择数据

步骤5：弹出"选择数据源"对话框，然后在"图表数据区域"中输入公式"=成本比例图!$B$4:$B$8,成本比例图!$E$4:$E$8"，如图6-29所示。

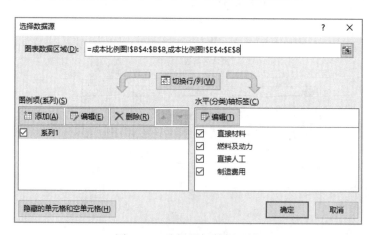

图6-29 选择图标数据区域

步骤6：按"确定"键确认输入，选中图表之后在"图表工具"下的"设计"选项卡中，单击"图表样式"的其他选项，如图6-30所示。

图 6-30 打开其他图表样式

步骤 7：在弹出的图标样式中选择"样式 9"，如图 6-31 所示。

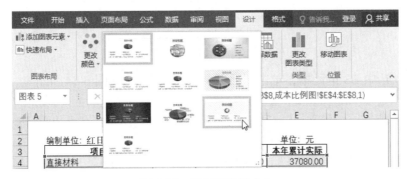

图 6-31 选择图表样式 9

步骤 8：成本比例图的最终显示效果，如图 6-32 所示。

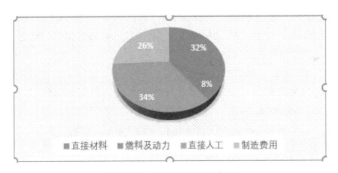

图 6-32 成本比例图效果

6.3 费用统计与预测

6.3.1 创建费用统计表

费用是企业在日常生产经营过程中发生的，是与产品生产活动没有直接联系的各项费用，通常包括：管理费用、营业费用、材料费、通讯费等。在通常情况下，企业会将日常费用情况进行记录，对于记录的数据信息，可以进行统计分析，此时，就需要先创建费用统计表。现介绍费用统计表的步骤如下。

配套资源
第 6 章\费用记录表—原始文件
第 6 章\费用统计表—最终效果

步骤 1：打开"费用记录表"工作簿，新增工作表并命名为"费用统计表"，按照图 6-33 所示输入表标题、行标题及列标题等内容。

图 6-33　新建费用统计表

步骤 2：选中 B3 单元格，单击"插入函数"按钮 fx，如图 6-34 所示。

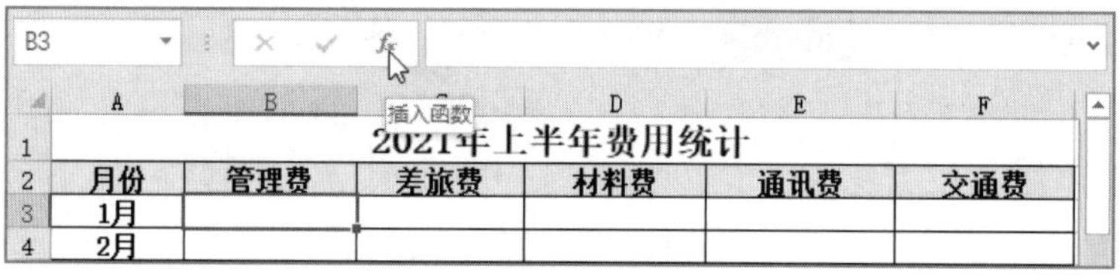

图 6-34　插入函数

步骤 3：在弹出的"插入函数"对话框中的"或选择类别"中选择"数学与三角函数"，然后在"选择函数"中选择"SUMIFS"函数，最后单击"确定"按钮，如图 6-35 所示。

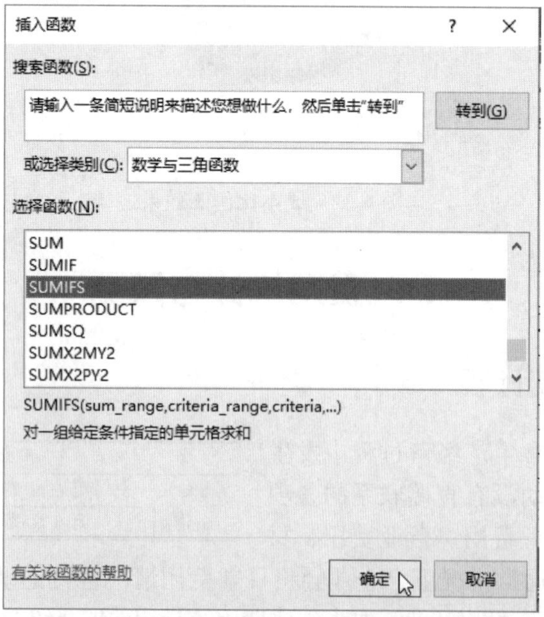

图 6-35　选择 SUMIFS 函数

步骤4：此时，弹出"函数参数"对话框，然后按照图6-36所示设置函数参数。

图6-36　设置函数参数

步骤5：单击"确定"按钮，此时，即可发现B3单元格中显示了公式的计算结果，将光标放在单元格右下角，拖动光标复制公式到F3单元格，从而计算1月不同费用的总额，如图6-37所示。

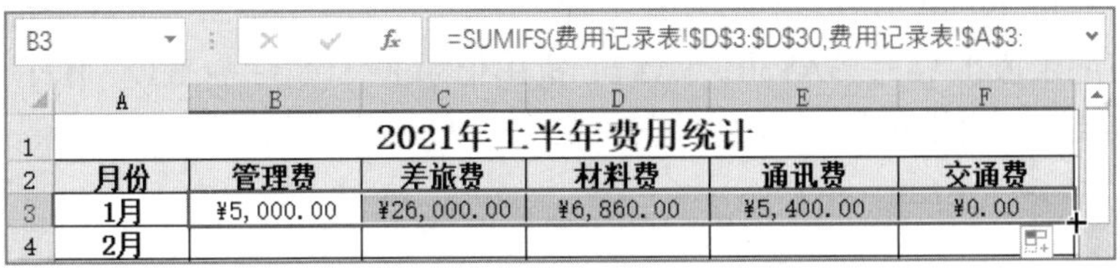

图6-37　复制公式

步骤6：选中B4单元格，然后在单元格中输入公式"=SUMIFS(费用记录表!$D$3:$D$30,费用记录表!$A$3:$A$30,$A$4,费用记录表!$C$3:$C$30,B2)"，按回车键，即可得到计算结果，拖动填充柄，复制公式到F4单元格，如图6-38所示。

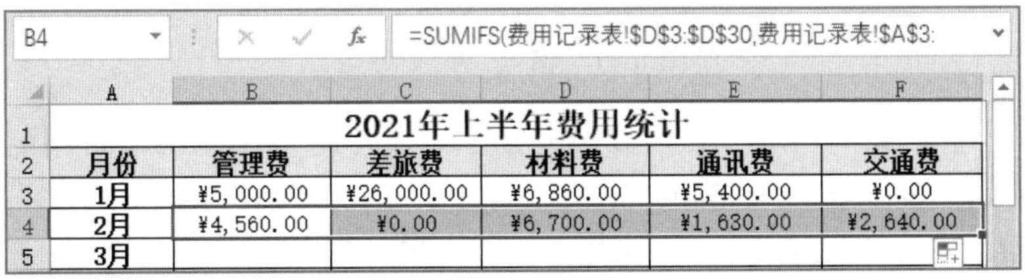

图6-38　输入公式（一）

步骤7：选中B5单元格，然后在单元格中输入公式"=SUMIFS(费用记录表!$D$3:

$D$30，费用记录表!$A$3:$A$30，$A$5，费用记录表!$C$3:$C$30，B2)"，按回车键，即可得到计算结果，拖动填充柄，复制公式到 F5 单元格，如图 6-39 所示。

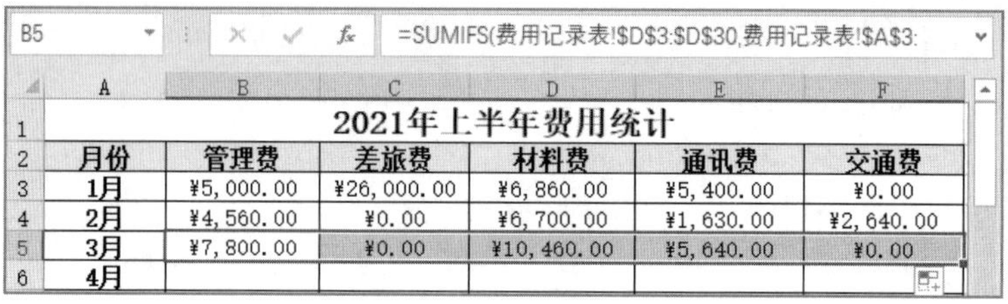

图 6-39　输入公式（二）

步骤 8：选中 B6 单元格，然后在单元格中输入公式"=SUMIFS(费用记录表!$D$3：$D$30，费用记录表!$A$3：$A$30，$A$6，费用记录表!$C$3：$C$30，B2)"，按回车键，即可得到计算结果，拖动填充柄，复制公式到 F6 单元格，如图 6-40 所示。

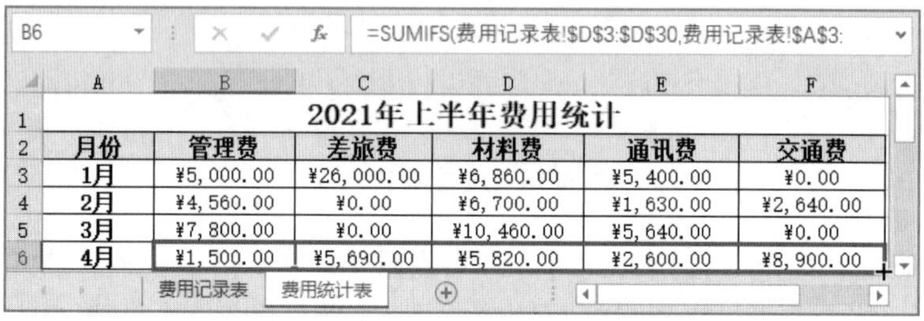

图 6-40　输入公式（三）

步骤 9：选中 B7 单元格，然后在单元格中输入公式"=SUMIFS(费用记录表!$D$3：$D$30，费用记录表!$A$3：$A$30，$A$7，费用记录表!$C$3：$C$30，B2)"，按回车键，即可得到计算结果，拖动填充柄，复制公式到 F7 单元格，如图 6-41 所示。

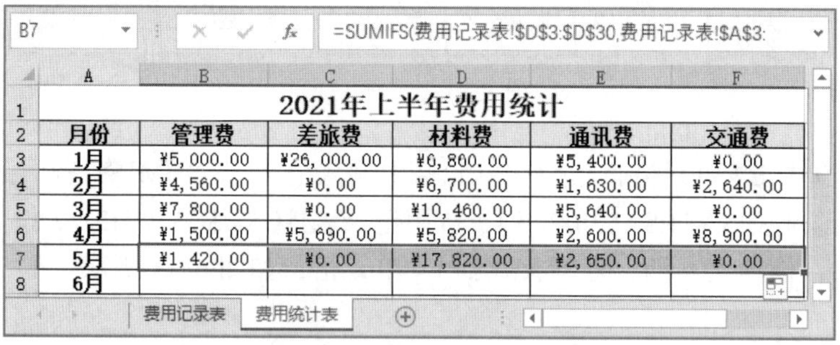

图 6-41　输入公式（四）

步骤 10：选中 B8 单元格，然后在单元格中输入公式"=SUMIFS(费用记录表!$D$3：$D$30，费用记录表!$A$3：$A$30，$A$8，费用记录表!$C$3：$C$30，B2)"，按回车键，即可得到计算结果，拖动填充柄，复制公式到 F8 单元格，此时，费用统计表就制作完成了，如图 6-42 所示。

第6章 Excel在成本费用管理中的应用

图 6-42 费用统计效果图

6.3.2 编制费用预测表

移动平均法是一种特殊的算术平均法，是一种简单的自动预测模型。它根据近期数据对预测值影响较大，而远期数据对预测值影响较小的事实，把平均数逐期移动。移动

配套资源
第6章\费用预测表—原始文件
第6章\费用预测表—最终效果

期数的大小视具体情况而定。移动期数少，能快速地反映变化，但不能反映变化趋势；移动期数多，反映的变化趋势越准确。

步骤1：打开"费用预测表"工作表中，单击"文件"按钮，在展开的菜单中单击"选项"命名，此时，弹出"Excel选项"对话框，然后单击"加载项"选项，最后单击"转到"按钮，如图6-43所示。

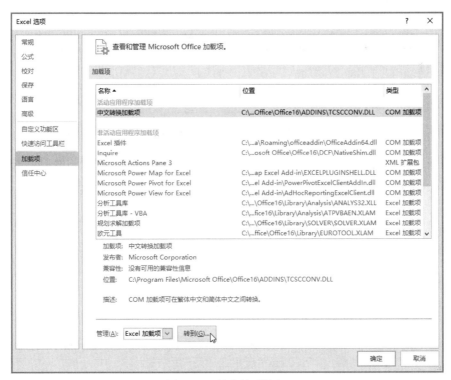

图 6-43 单击转到按钮

步骤2：在弹出的"加载宏"对话框中勾选"分析工具库"复选框，然后单击"确定"按钮，如图6-44所示。

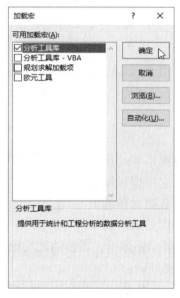

图6-44　加载分析工具库

步骤3：此时，返回工作表中，单击"数据"选项卡下"分析"组中的"数据分析"按钮，如图6-45所示。

图6-45　单击数据分析按钮

步骤4：在弹出的"数据分析"对话框中选择"移动平均"选项，然后单击"确定"按钮，如图6-46所示。

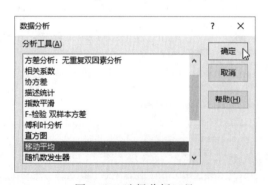

图6-46　选择分析工具

步骤 5：在弹出的“移动平均”对话框中设置“输入区域”为“$B$3:$B$8”，然后勾选“标志位于第一行”复选框，设置“间隔”为“2”，设置“输出区域”为“$B$12”，最后单击“确定”按钮，如图 6-47 所示。

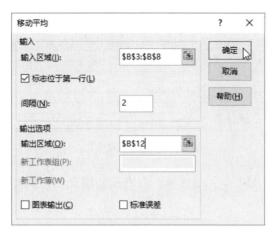

图 6-47 设置移动平均

步骤 6：此时，返回工作表中，即可看到在输出区域显示了预测结果，由于移动平均工具输出结果第一个值为空值“#N/A”，此时若选中 B13 单元格，可查看到公式为“=AVERAGE(B4:B5)”，如图 6-48 所示。

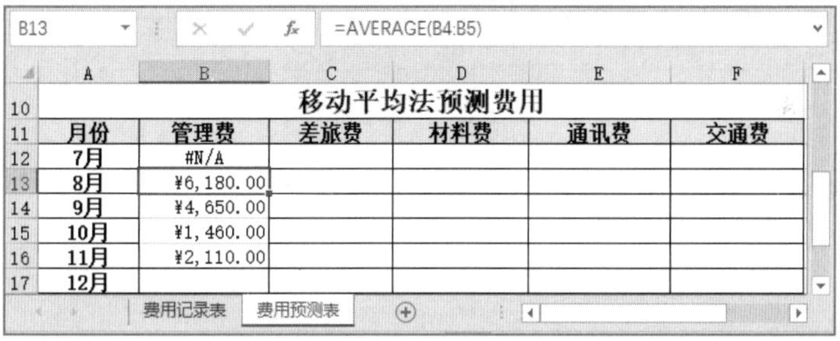

	A	B	C	D	E	F
10	移动平均法预测费用					
11	月份	管理费	差旅费	材料费	通讯费	交通费
12	7月	#N/A				
13	8月	¥6,180.00				
14	9月	¥4,650.00				
15	10月	¥1,460.00				
16	11月	¥2,110.00				
17	12月					

图 6-48 输入公式

步骤 7：将公式“=AVERAGE(B3:B4)”输入到 B12 单元格中，从而完成 7 月份的管理费用预测值计算，如图 6-49 所示。

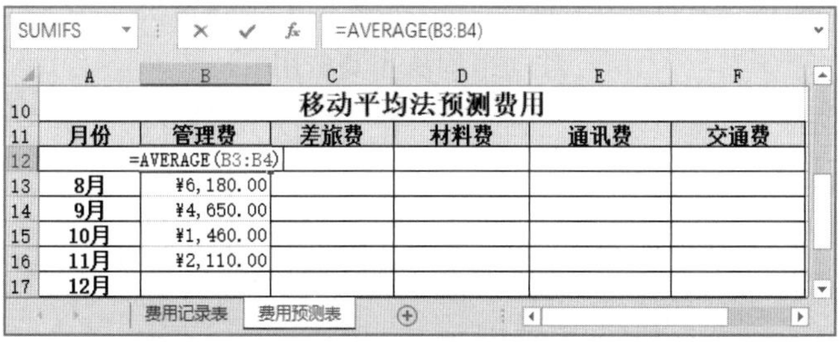

	A	B	C	D	E	F
10	移动平均法预测费用					
11	月份	管理费	差旅费	材料费	通讯费	交通费
12		=AVERAGE(B3:B4)				
13	8月	¥6,180.00				
14	9月	¥4,650.00				
15	10月	¥1,460.00				
16	11月	¥2,110.00				
17	12月					

图 6-49 输入公式（一）

步骤 8：选中 B17 单元格，在单元格中输入公式“=AVERAGE(B12:B16)”，按回车键，即可得到计算结果，如图 6-所示。

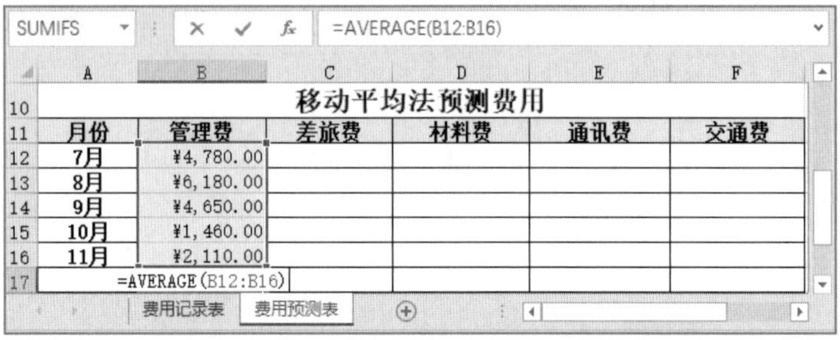

10	移动平均法预测费用					
11	月份	管理费	差旅费	材料费	通讯费	交通费
12	7月	¥4, 780. 00				
13	8月	¥6, 180. 00				
14	9月	¥4, 650. 00				
15	10月	¥1, 460. 00				
16	11月	¥2, 110. 00				
17		=AVERAGE(B12:B16)				

图 6-50 输入公式（二）

步骤 9：选择 B12:B17 单元格区域，向右拖动填充柄，从而预测不同月份下不同的费用额，如图 6-51 所示。

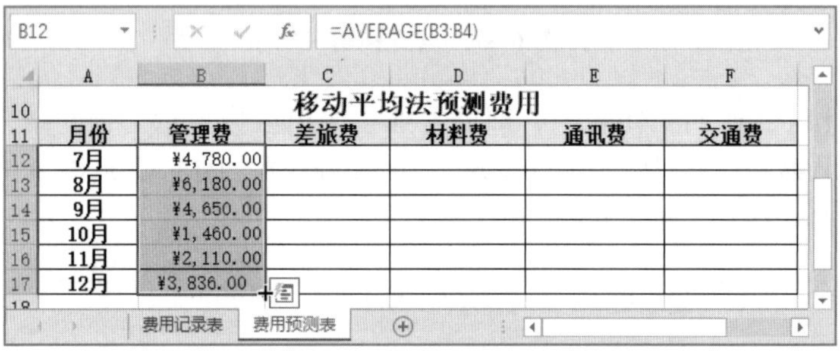

10	移动平均法预测费用					
11	月份	管理费	差旅费	材料费	通讯费	交通费
12	7月	¥4, 780. 00				
13	8月	¥6, 180. 00				
14	9月	¥4, 650. 00				
15	10月	¥1, 460. 00				
16	11月	¥2, 110. 00				
17	12月	¥3, 836. 00				

图 6-51 填充公式

步骤 10：至此，费用预测表就完成了，如图 6-52 所示。

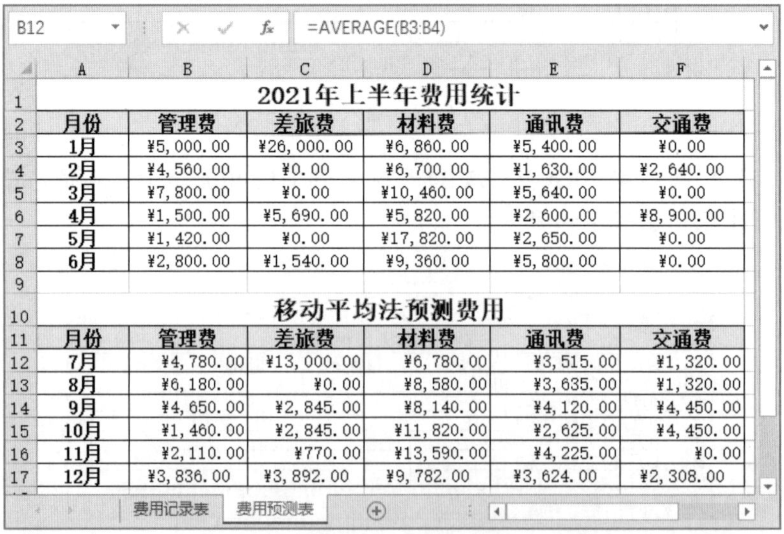

1	2021年上半年费用统计					
2	月份	管理费	差旅费	材料费	通讯费	交通费
3	1月	¥5, 000. 00	¥26, 000. 00	¥6, 860. 00	¥5, 400. 00	¥0. 00
4	2月	¥4, 560. 00	¥0. 00	¥6, 700. 00	¥1, 630. 00	¥2, 640. 00
5	3月	¥7, 800. 00	¥0. 00	¥10, 460. 00	¥5, 640. 00	¥0. 00
6	4月	¥1, 500. 00	¥5, 690. 00	¥5, 820. 00	¥2, 600. 00	¥8, 900. 00
7	5月	¥1, 420. 00	¥0. 00	¥17, 820. 00	¥2, 650. 00	¥0. 00
8	6月	¥2, 800. 00	¥1, 540. 00	¥9, 360. 00	¥5, 800. 00	¥0. 00
9						
10	移动平均法预测费用					
11	月份	管理费	差旅费	材料费	通讯费	交通费
12	7月	¥4, 780. 00	¥13, 000. 00	¥6, 780. 00	¥3, 515. 00	¥1, 320. 00
13	8月	¥6, 180. 00	¥0. 00	¥8, 580. 00	¥3, 635. 00	¥1, 320. 00
14	9月	¥4, 650. 00	¥2, 845. 00	¥8, 140. 00	¥4, 120. 00	¥4, 450. 00
15	10月	¥1, 460. 00	¥2, 845. 00	¥11, 820. 00	¥2, 625. 00	¥4, 450. 00
16	11月	¥2, 110. 00	¥770. 00	¥13, 590. 00	¥4, 225. 00	¥0. 00
17	12月	¥3, 836. 00	¥3, 892. 00	¥9, 782. 00	¥3, 624. 00	¥2, 308. 00

图 6-52 费用预测表效果图

6.3.3 建立费用变动图表

在表格中除了使用数据分析工具来进行预测外，还可以使用图表的方法进行预测与分析。在本节中，将利用折线图绘制每月的各项费用开支情况。制作步骤如下。

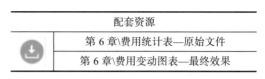

配套资源
第 6 章\费用统计表—原始文件
第 6 章\费用变动图表—最终效果

步骤 1：将"费用统计表"工作表标签命名为"费用变动表"，然后选择 B2:F8 单元格区域，单击"插入"选项卡下"图表"组中的"插入折线图"按钮，在展开的列表中选择"带数据标记的折线图"选项，如图 6-53 所示。

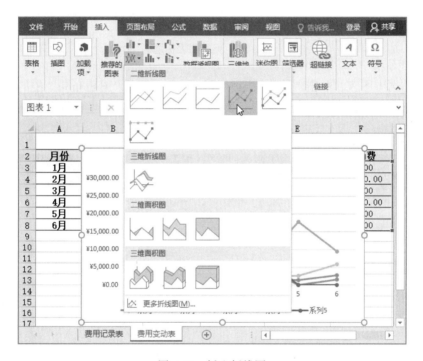

图 6-53 插入折线图

步骤 2：此时，即可看到创建完成后的图表效果，如图 6-54 所示。

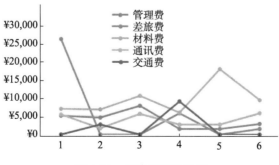

图 6-54 创建图表效果图

步骤3：因为此时图表的标题已存在，且在图表的上方，所以直接更改图表标题为"日常费用变动图"，如图6-55所示。

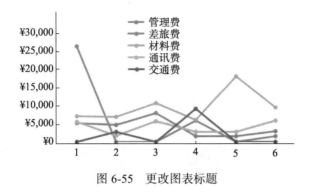

图6-55　更改图表标题

步骤4：选中图表，单击"图表工具—设计"选项卡下"图表布局"中的"添加图表元素"，在展开的列表中单击"轴标题"级联列表中的"主要横坐标轴"选项，如图6-56所示。

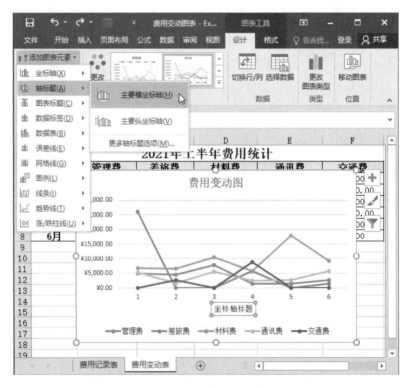

图6-56　添加横坐标轴标题

步骤5：将横坐标标题更改为"月份"，利用相同的方法为图表添加"主要纵坐标轴"，并将其要改为"金额"，如图6-57所示。

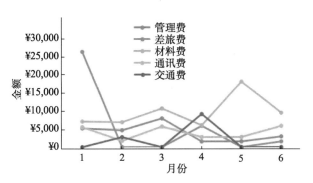

图 6-57　添加纵坐标轴标题

步骤6：选中纵坐标轴的标题，然后单击"开始"选项卡下"对齐方式"组中的"方向"按钮，在展开的列表中单击"竖排文字"选项，如图 6-58 所示。

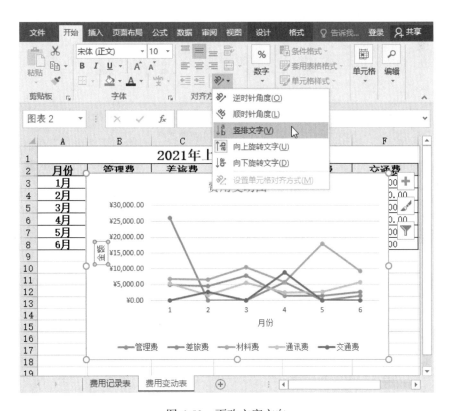

图 6-58　更改文字方向

步骤7：此时，即可发现纵坐标轴的文字方向改变了，然后单击"图表工具—设计"选项卡下"图表样式"组中的"其他"按钮，在展开的列表中选择"样式 5"选项，如图 6-59 所示。

步骤 8：单击"图表工具—设计"选项卡下"图表布局"中的"快速布局"按钮，在展开的列表中选择"布局 5"选项，如图 6-60 所示。

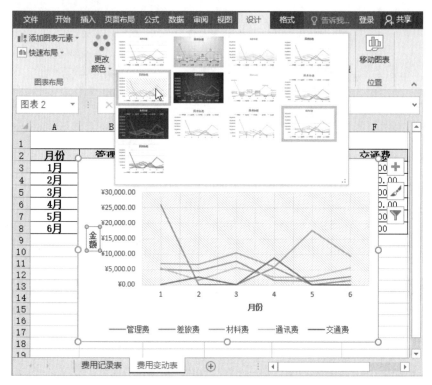

图 6-59 更改图表样式

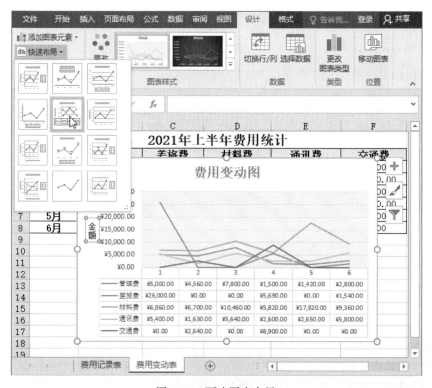

图 6-60 更改图表布局

步骤 9：经过以上操作，即可看到更改图表布局后费用变动图的效果，如图 6-61 所示。

	1	2	3	4	5	6
—— 管理费	¥5,000	¥4,460	¥7,800	¥1,500	¥1,420	¥2,800
—— 差旅费	¥26,000	¥0	¥0	¥5,690	¥0	¥1,540
—— 材料费	¥6,860	¥6,700	¥10,460	¥5,820	¥17,820	¥9,360
—— 通讯费	¥5,400	¥1,630	¥5,640	¥2,600	¥2,650	¥5,800
—— 交通费	¥0	¥2,640	¥0	¥8,900	¥0	¥0

图 6-61　费用变动图效果图

拓展实训

一、实训目的

1. 学会利用 SUMIFS 函数创建费用统计表。
2. 学会应用移动平均法编制费用预测表。
3. 学会创建折线形费用变动图表

二、实训资料

宏达公司上半年费用记录表。

2021 年上半年费用记录表

日期	所属部门	费用类别	金额	备注
1 月	行政部	管理费	¥3,500.00	办公用品
1 月	生产部	材料费	¥5,000.00	购买原料
2 月	生产部	材料费	¥6,300.00	购买原料
2 月	客服部	通讯费	¥2,980.00	电话
3 月	行政部	管理费	¥6,800.00	办公用品
3 月	客服部	通讯费	¥2,640.00	电话
4 月	客服部	通讯费	¥3,600.00	电话
4 月	行政部	管理费	¥4,300.00	办公用品
5 月	客服部	通讯费	¥2,650.00	电话
6 月	生产部	材料费	¥6,000.00	购买原料

三、实训要求

根据上述资料完成下列操作：

1. 利用 SUMIFS 函数创建费用统计表。
2. 应用移动平均法编制费用预测表。
3. 创建折线形费用变动图表。

即测即练

第 7 章

Excel 在进销存管理中的应用

学习目标

知识目标：

1. 掌握进销存管理相关的业务处理流程；
2. 了解进销存管理中数据之间的关系；
3. 学会使用 Excel 2016 设计进销存管理系统。

能力目标：

1. 掌握采购申请及采购统计表的创建方法；
2. 掌握销售统计表的编制方法，能够对销售数据进行分析；
3. 掌握入库单和统计表的制作方法，同时能够编制出库统计及分析。

学习重难点：

1. 掌握采购统计表的创建方法；
2. 掌握销售数据的分析方法；
3. 学会应用库存统计进行分析。

工作情境与分析

小张为红日公司设计了 Excel 2016 成本费用和固定资产核算系统，不仅简化了成本费用、固定资产计提折旧等烦琐的工作，而且还利用 Excel 2016 对不同部门的不同类别的折旧数额进行了分析，并对固定资产管理提出了具有针对性的建议，深得领导的赏识。小张备受鼓舞，决定开始尝试使用 Excel 2016 设计该公司的进销存管理系统。进销存管理是企业内部管理的重要环节。采购是企业实现价值的开始，采购成本直接影响企业的利润，因此，采购管理是企业管理的重点；销售是企业实现价值的主要手段，是企业进销存管理系统的重要组成部分；存货是企业会计核算和管理的重要环节，存货的管理会直接影响企业采购、生产和销售业务的进行。利用 Excel 2016 进行进销存管理可以提高工作效率,并间接提高企业的经济效益。红日公司利用 Excel 2016 进行进销存管理时,可以分成 6 项工作任务:制作采购申请单→创建销售统计表→销售数据筛选与分析→创建商品分类表→制作入库单及统计表→制作库存统计表。

7.1 基础知识储备

7.1.1 进销存管理的认知

进销存管理是对企业生产经营中物料全流程跟踪管理,从接获订单合同开始,进入物料采购、入库、领用到产品完工入库、交货等环节,每一环节都能提供详尽准确的数据,有效辅助企业解决业务管理、分销管理、存货管理、营销计划的执行和监控、统计信息的收集等方面的业务问题。

7.1.2 进销存管理的过程

(一)采购流程

(1)厂商的供应能力是否能按期交货、质量确认。
(2)生产厂或直接进口商是否殷实可靠。
(3)其他经销商价格是否较低。
(4)经成本分析后,设定议价目标。
(5)向厂商索取型号比较是否必要。
(6)价格上涨下跌有何影响因素。
(7)制作采购申请单。

采购作业内容是从收到"请购案件"开始进行分发采购案件,由采购经办人员先核对请购内容,查阅"厂商资料""采购记录"及其他有关资料后,开始办理询价,于报价后,整理报价资料,拟订议价方式及各种有利条件,进行议价,办妥后,依核决权限,呈核订购。

(二)销售流程

接到订单后,首先向办公室领导汇报,确认接单,联系生产部门,安排生产;待生产完毕,货入库,跟库房沟通具体数量,然后客户打款、安排发货;最后创建销售统计表,并对销售数据筛选与分析。

(三)库存流程

(1)创建商品分类表。
(2)汇总当月入库情况。
(3)汇总当月出库情况。
(4)汇总当月库存,制作库存统计表。

7.1.3 进销存管理的意义

进销存管理是企业内部管理的重要环节。采购是企业实现价值的开始，采购成本直接影响企业的利润，因此，采购管理是企业管理的重点；销售是企业实现价值的主要手段，是企业进销存管理系统的重要组成部分；存货是企业会计核算和管理的重要环节，存货的管理会影响企业的采购、生产和销售业务的进行，存货管理的好坏，直接影响企业的资金占用水平、资产运作效率。

7.2 采购及销售管理

7.2.1 制作采购申请单

企业通过不断地采购相关原材料来保障企业持续运营，在进行材料采购之前，各部门需要提交采购申请单。经审核后，由采购部门统一预算并采购，然后对采购的商品进行登记，统一管理。采购申请单是采购过程的开始，每个部门根据需要提交采购申请，通过有关部门审批后，移送采购部门进行统一采购。下面介绍采购申请单的创建过程，具体操作如下。

配套资源
第 7 章\采购申请单—原始文件
第 7 章\采购申请单—最终效果

步骤 1：打开"采购申请单"工作表，然后选中 B2 单元格，单击鼠标右键，从弹出的快捷菜单中选择"设置单元格格式"命令，如图 7-1 所示。

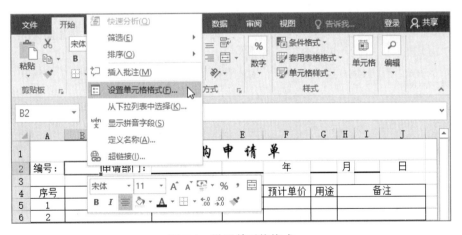

图 7-1 设置单元格格式

步骤 2：弹出"设置单元格格式"对话框，打开"数字"选项卡，在"分类"列表框中选择"自定义"选项，在"类型"文本框中输入"00#"，单击"确定"按钮，如图 7-2 所示。

图 7-2 自定义文本类型

步骤 3：选中 D2 单元格，打开"数据"选项卡，单击"数据工具"选项组中的"数据验证"下拉按钮，从下拉列表中选择"数据验证"选项，如图 7-3 所示。

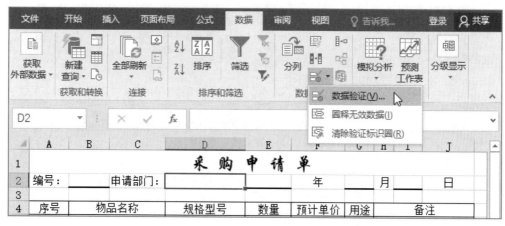

图 7-3 选择数据验证

步骤 4：弹出"数据验证对话框"，打开"设置"选项卡，然后在"允许"的下拉列表中选择"序列"选项，最后在"来源"文本框中输入"生产部,销售部,财务部,人力资源部"，单击"确定"按钮，如图 7-4 所示。

图 7-4　设置数据验证

步骤 5：选择 B2 单元格，输入数字"001"，然后单击 D2 单元格，在其右方将出现下拉按钮，单击该按钮，从下拉列表中选择"财务部"选项。选中 E2 单元格，输入公式"=YEAR(TODAY())"，如图 7-5 所示。

图 7-5　输入年份公式

步骤 6：按回车键后，在该单元格中就显示了当前的年份。然后选中 G2 单元格，在其中输入公式"=MONTH(TODAY())"，如图 7-6 所示。

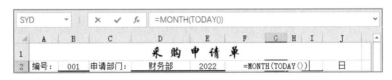

图 7-6　输入月份公式

步骤 7：按回车键确认，在该单元格中就显示了当前的月份。选中 I2 单元格，在其中输入公式"=DAY(TODAY())"，如图 7-7 所示。

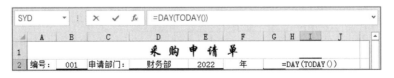

图 7-7　输入日期公式

步骤 8：按回车键确认，在该单元格中就显示了当前的日期。选择 F 列，点击鼠标右键，然后在出现的列表中选择“设置单元格格式”，选择“数字”选项下面的“货币”，将货币符号的下拉菜单打开选择“¥”，如图 7-8 所示。

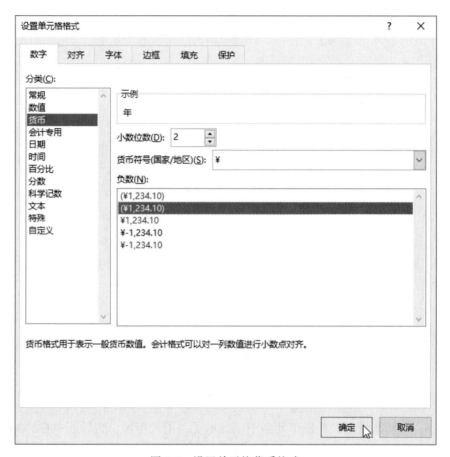

图 7-8　设置单元格货币格式

步骤 9：单击“确认”按钮，按照“采购申请信息表”继续输入其他信息，至此采购申请单就填制完成了，如图 7-9 所示。

	A	B	C	D	E	F	G	H	I	J
1				采购申请单						
2	编号：	001	申请部门：	财务部	2022	年	2	月	16	日
3										
4	序号	物品名称		规格型号	数量	预计单价	用途	备注		
5	1	打印纸		B5	2	¥200.00	打印资料	超厚		
6	2	打印机		广发BKF-7	4	¥6,000.00	部门使用			
7	3	扫描仪		广发FJE-4	1	¥1,600.00	部门使用			
8	4									
9	5									

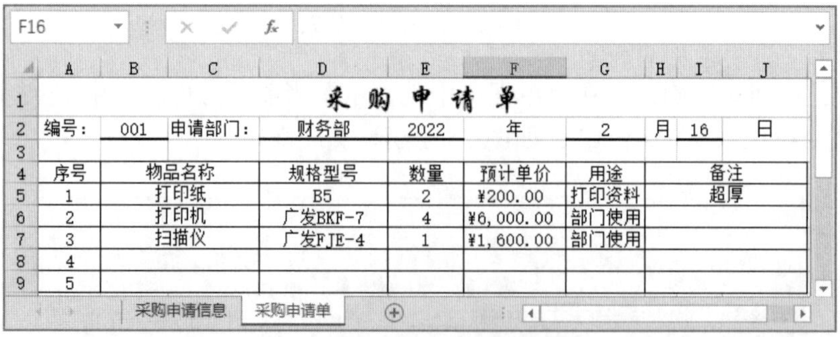

图 7-9　采购申请单效果图

7.2.2 创建销售统计表

销售管理是为了实现各种组织目标,创造、建立和保持与目标市场之间的有益交换和联系而进行的分析、计划、执行、监督和控制。同时,在销售过程中发生的一些经济

配套资源
第 7 章\销售产品信息表—原始文件
第 7 章\销售统计表—最终效果

业务,会计人员需要编制会计凭证并登记相关账簿。销售统计表是用来记录企业的销售数据的,一般情况下,它是以流水账的形式,逐笔登记记录所有的经济业务。下面将对销售统计表的创建操作进行介绍。

步骤 1:打开"销售产品信息"工作簿当中的"销售统计表",然后单击"数据"选项卡,然后在"数据工具"选项组中单击"数据验证"下拉按钮,从下拉列表中选择"数据验证"选项,如图 7-10 所示。

图 7-10 选择数据验证

步骤 2:弹出"数据验证"对话框,打开"设置"选项卡,然后在"允许"下拉列表中选择"整数"选项,在"数据"下拉列表中选择"大于"选项,最后在"最小值"文本框中输入 0,如图 7-11 所示。

图 7-11 设置验证条件

步骤 3：在"数据验证"对话框中，打开"输入信息"选项卡，然后勾选"选定单元格时显示输入信息"复选框，在"输入信息"文本框中输入"请输入整数！"，如图 7-12 所示。

图 7-12　输入信息

步骤 4：在"数据验证"对话框中，打开"出错警告"选项卡，然后在"样式"下拉列表中选择"停止"选项，在"标题"文本框中输入"错误"，在"错误信息"文本框中输入"请输入整数！"，最后单击"确定"按钮，如图 7-13 所示。

图 7-13　输入出错警告

步骤 5：选中 F3:G8 单元格，打开"开始"选项卡，然后单击"数字格式"下拉按钮，从下拉列表中选择"会计专用"选项，如图 7-14 所示。

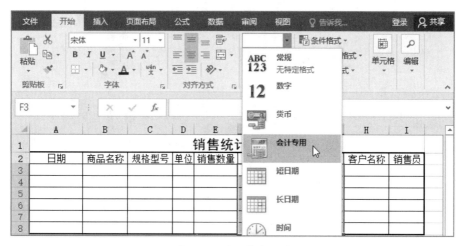

图 7-14 设置数字格式

步骤 6：选中 G3 单元格，然后输入公式"=E3*F3"，按回车键确认，如图 7-15 所示。

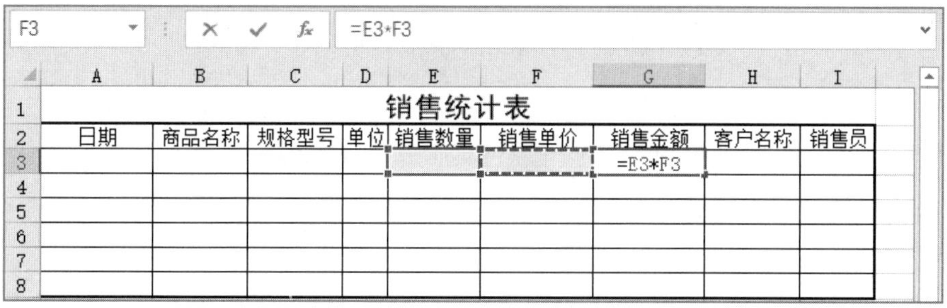

图 7-15 输入计算公式

步骤 7：将光标移动到 G3 单元格的右下角，然后当光标变成 ✚ 形状时，按住鼠标左键不放向下移动，将公式填充至 G8 单元格中，如图 7-16 所示。

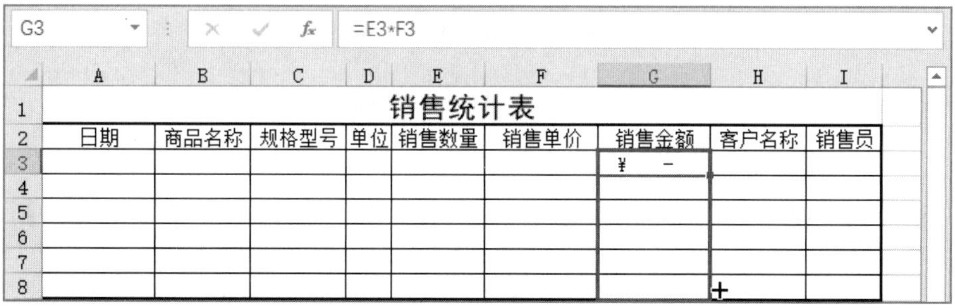

图 7-16 填充公式

步骤 8：复制"销售产品信息表"中的日期、商品名称、规格型号、单位、销售数量、销售单价、客户名称、销售员等销售信息，然后打开"销售统计表"，在"开始"选项卡的"粘贴"下拉菜单中，进行"选择性粘贴公式"，如图 7-17 所示。

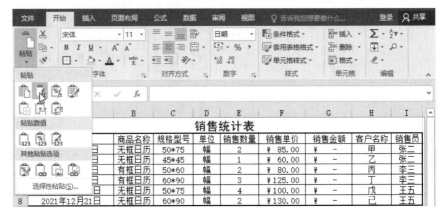

图 7-17 选择性粘贴信息

步骤 9：选择 A3:A8 单元格区域，单击鼠标右键在菜单中选择"设置单元格格式"，然后在弹出的对话框中选择"数字"当中的日期，选择"2012/3/14"类型，如图 7-18 所示。

图 7-18 设置日期类型

步骤 10：按"确认"键，即可显示效果图，如图 7-19 所示。

图 7-19 销售统计表效果图

7.2.3 销售数据筛选与分析

统计销售数据，是为了通过这些数据分析企业的销售情况，分析产品的销售前景，比较销售员的业绩等。用户可以通过排序、筛选等方法，分析销售数据。

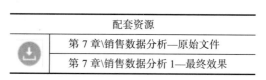

配套资源
第 7 章\销售数据分析—原始文件
第 7 章\销售数据分析 1—最终效果

1. 使用"排序"功能分析销售数据

对销售统计表进行排序，可以使销售统计表中的数据按照销售金额和销售数量降序排序，下面将对使用"排序"功能分析销售数据的操作过程进行介绍。

步骤1：打开"销售数据分析"工作表，单击表格中任意单元格，选择"数据"选项卡，单击"排序和筛选"选项组中的"排序"按钮，如图 7-20 所示。

图 7-20　选择排序

步骤2：弹出"排序"对话框，然后在"主要关键字"的下拉菜单中选择"销售金额"，"排序依据"设置为"数值"，在"次序"的下拉菜单中选择"降序"，如图 7-21 所示。

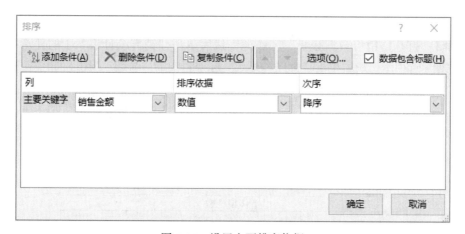

图 7-21　设置主要排序依据

步骤3：单击"添加条件"按钮，然后将"次要关键字"设置为"销售数量"，"排序依据"为"数值"，次序为"降序"，如图 7-22 所示。

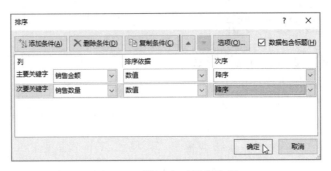

图 7-22　设置次要排序依据

步骤 4：单击“确定”按钮，返回工作表编辑区，可以看到表格中的数据按照销售金额降序排列。销售金额相同的，按照销售数量降序排列，如图 7-23 所示。

销售统计表								
日期	商品名称	规格型号	单位	销售数量	销售单价	销售金额	客户名称	销售员
2021/10/4	有框日历	50*75	幅	8	¥ 120.00	¥ 960.00	张四	甲
2021/10/4	有框日历	50*75	幅	6	¥ 135.00	¥ 810.00	王五	丁
2021/10/1	无框日历	50*75	幅	6	¥ 130.00	¥ 780.00	王三	丙
2021/10/1	有框日历	50*60	幅	8	¥ 95.00	¥ 760.00	王七	丙
2021/10/3	无框日历	50*75	幅	7	¥ 100.00	¥ 700.00	李四	丙
2021/10/1	有框日历	50*75	幅	7	¥ 85.00	¥ 595.00	刘四	乙
2021/10/1	无框日历	60*90	幅	4	¥ 140.00	¥ 560.00	王二	乙
2021/10/1	无框日历	50*60	幅	4	¥ 120.00	¥ 480.00	李二	甲
2021/10/1	无框日历	50*60	幅	5	¥ 90.00	¥ 450.00	唐三	甲
2021/10/1	无框日历	45*45	幅	5	¥ 85.00	¥ 425.00	张三	丁

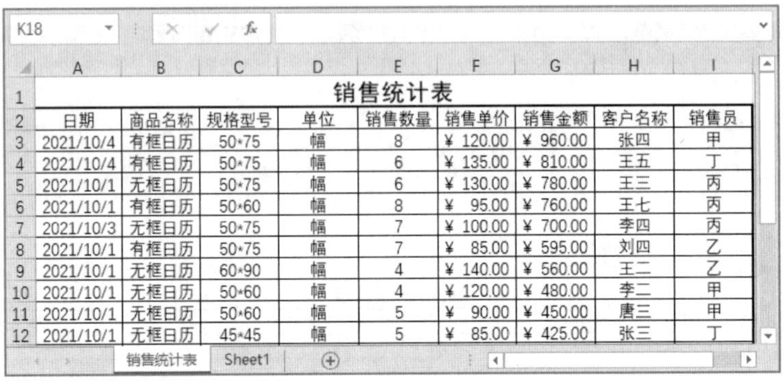

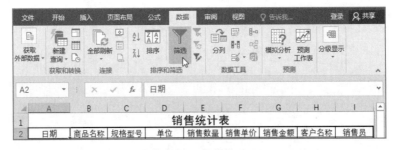

图 7-23　降序排列效果图

2. 使用“筛选”功能分析销售数据

对销售统计表进行筛选，可以筛选出销售金额大于或等于 600 的数据。下面将对使用“筛选”功能分析销售数据的操作过程进行介绍。

步骤 1：打开“销售数据分析”工作簿，然后单击“销售统计表”中的任意单元格，打开“数据”选项卡，最后单击“排序和筛选”选项组中的“筛选”按钮，如图 7-24 所示。

图 7-24　选择筛选

步骤 2：此时，销售统计表的所有列标题都添加了筛选按钮，然后单击“商品名称”筛选按钮，从弹出的下拉列表中取消“有框日历”复选框的勾选，最后单击“确定”按钮，如图 7-25 所示。

图 7-25　设置筛选条件

步骤 3：单击"销售金额"筛选按钮，从弹出的下拉列表中选择"数字筛选"当中的"大于或等于"选项，如图 7-26 所示。

图 7-26　设置数字筛选

步骤4：弹出"自定义自动筛选方式"对话框，在"大于或等于"数值框中输入600，单击"确定"按钮，如图7-27所示。

图7-27　设置数字筛选条件

步骤5：返回工作表编辑区，可以看到筛选出来的无框日历、销售金额大于或等于600的销售记录，如图7-28所示。

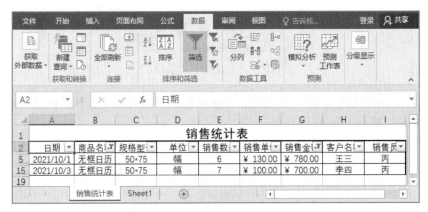

图7-28　销售数据筛选效果图

7.3　库 存 管 理

7.3.1　创建商品分类表

库存管理主要是与库存物料的计划与控制有关的业务，目的是支持生产运作。库存管理是根据外界对库存的要求和企业订购的特点，预测、计划和执行一种补充库存的行为，并对这种行为进行控制，重点在于确定如何订货、订购多少、何时订货。商品分类表在库存管理中占有非常重要的地位，它集中记录了每种商品的编码、名称、供应商等信息，方便用户对商品进行分类管理，下面

配套资源
第7章\库存商品分类表—原始文件
第7章\库存商品分类表—最终效果

介绍具体的创建过程。

步骤1：打开"库存商品分类表"工作表，选中 A1:G1 单元格区域，在"开始"选项卡下，单击"字体"选项组中的对话框启动器按钮，如图 7-29 所示。

图 7-29　启动修改字体对话框

步骤2：弹出"设置单元格格式"对话框，打开"字体"选项卡，设置表格标题的格式为"楷体，加粗和 18 号"，如图 7-30 所示。

图 7-30　设置字体格式

步骤3：打开"对齐"选项卡，将"水平对齐"和"垂直对齐"都设置为"居中"，勾选"合并单元格"复选框，单击"确定"按钮，如图 7-31 所示。

步骤4：在 A3 单元格输入"1"，然后选中 A3:A12 单元格区域，单击"编辑"选项组中的"填充"下拉按钮，从下拉列表中选择"序列"选项，如图 7-32 所示。

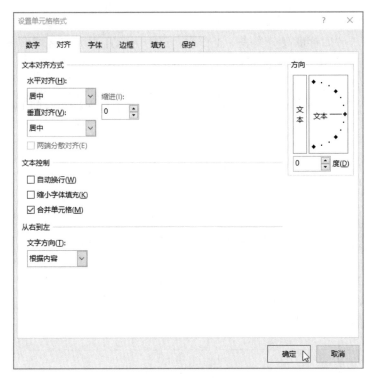

图 7-31　设置对齐格式

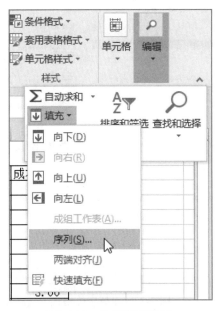

图 7-32　选择序列选项

步骤 5：弹出"序列"对话框，在"序列产生在"区域中选择"列"单选按钮，在"类型"区域中选择"等差序列"单选按钮，在"步长值"文本框中输入 1，单击"确定"按钮，如图 7-33 所示。

第7章 Excel在进销存管理中的应用

图 7-33　设置序列类型

步骤 6：选中 B3:B12 单元格区域，按 "Ctrl+1" 组合键，弹出 "设置单元格格式" 对话框，打开 "数字" 选项卡，在 "分类" 列表框中选择 "文本" 选项，单击 "确定" 按钮，如图 7-34 所示。

图 7-34　设置文本格式

步骤 7：选中 G3:G12 单元格区域，按 "Ctrl+1" 组合键，然后弹出 "设置单元格格式" 对话框，打开 "数字" 选项卡，在 "分类" 列表框中选择 "会计专用" 选项，将小数位数设置为 "2"，货币符号选择 "￥"，最后单击 "确定" 按钮，如图 7-35 所示。

图 7-35　设置数字格式

步骤 8：选中 A2:G12 单元格区域，按"Ctrl+1"组合键，弹出"设置单元格格式"对话框，打开"对齐"选项卡，将"水平对齐"和"垂直对齐"都设置为"居中"，如图 7-36 所示。

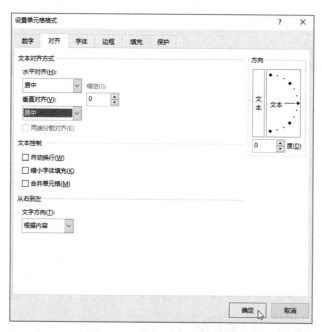

图 7-36　设置表格对齐方式

步骤 9：单击"确定"按钮，返回工作表编辑区，查看最终效果，如图 7-37 所示。

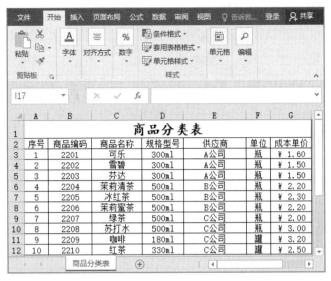

图 7-37 商品分类表效果图

7.3.2 制作入库单及统计表

1．入库单的制作

入库单是用来记录商品入库情况的单据，是重要的原始凭证，其中记录了商品的编码、名称及入库数量等重要信息。下面将对入库单的创建操作进行介绍。

配套资源	
第 7 章\入库单—原始文件	
第 7 章\入库单—最终效果	

步骤 1：打开"入库单"工作表，通过引用公式，导入商品分类表中的数据。选中 B6 单元格，然后输入公式"=IF($A6="","",VLOOKUP($A6,商品分类表!$B$3:$G$12,2,0))"，如图 7-38 所示。

图 7-38 输入商品名称公式

步骤 2：继续在 C6、D6、E6、F6 单元格分别输入公式"=IF($A6="","",VLOOKUP($A6,商品分类表!$B$3:$G$12,3,0))"、"=IF($A6="","",VLOOKUP($A6,商品分类表!$B$3:$G$12,4,0))"、"=IF($A6="","",VLOOKUP($A6,商品分类表!$B$3:$G$12,5,0))"、"=IF($A6="","",VLOOKUP($A6,商品分类表!$B$3:$G$12,6,0))"，如图 7-39 所示。

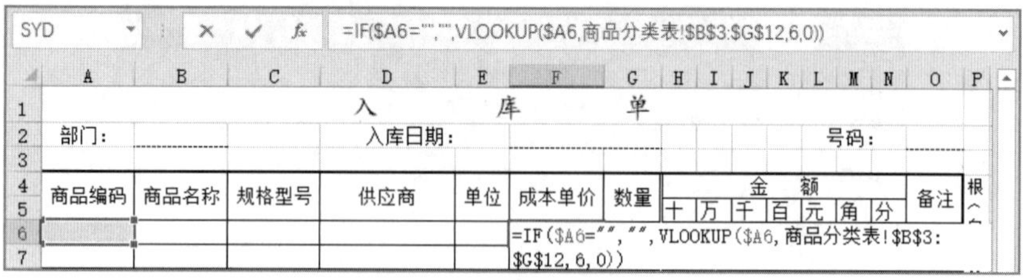

图 7-39　输入商品其他信息公式

步骤 3：选中 B6:F6 单元格区域，将光标移动到选中区域的右下角，当光标变成✚形状时，按住鼠标左键不放向下拖动至 F13，填充公式，如图 7-40 所示。

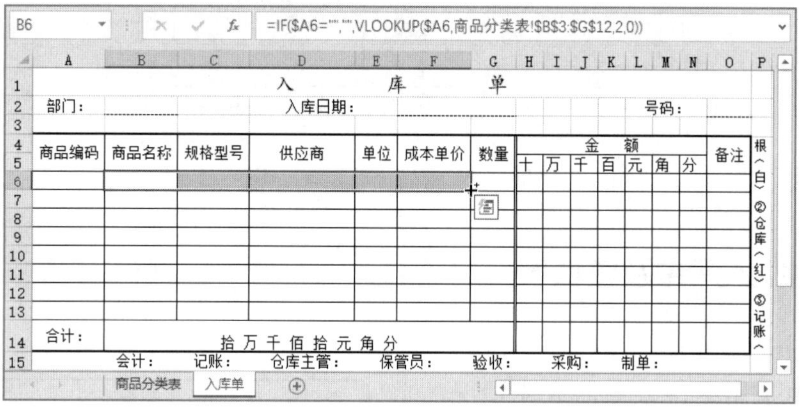

图 7-40　填充公式

步骤 4：选中 A6:A13 单元格区域，打开"开始"选项卡，单击"数字"选项组中的"数字格式"下拉按钮，从下拉列表中选择"文本"选项，如图 7-41 所示。

图 7-41　设置文本格式

步骤 5：在入库单中，输入"采购部门，2021/12/25，0001 号"，在 A6 单元格中输入 2201，此时，会自动出现其对应的商品名称、规格型号、供应商和成本单价等信息，然后数量输入"1000"，制单"赵四"，采购"王五"，最后手动输入其他信息即可，查看最终效果，如图 7-42 所示。

图 7-42 入库单效果图

2. 入库统计表的编制

为了统计商品的入库情况，方便进行库存统计，用户需要编制入库统计表，将所有商品的入库情况登记下来。下面将对入库统计表的创建操作进行介绍。

配套资源
第 7 章\入库统计表—原始文件
第 7 章\入库统计表—最终效果

步骤 1：打开"入库统计表"，引用"商品分类表"中的数据，选中 D3 单元格，然后输入公式"=IF($C3="","",VLOOKUP($C3,商品分类表!$B$3:$G$12,2,0))"，按回车键确认，如图 7-43 所示。

图 7-43 输入引用公式（一）

步骤 2：选中 E3 单元格，然后输入公式"=IF($C3="","",VLOOKUP($C3,商品分类表!$B$3:$G$12,3,0))"，按回车键确认，如图 7-44 所示。

图 7-44 输入引用公式（二）

步骤3：选中 F3 单元格，然后输入公式"=IF($C3="","",VLOOKUP($C3,商品分类表!$B$3:$G$12,4,0))"，按回车键确认，如图7-45所示。

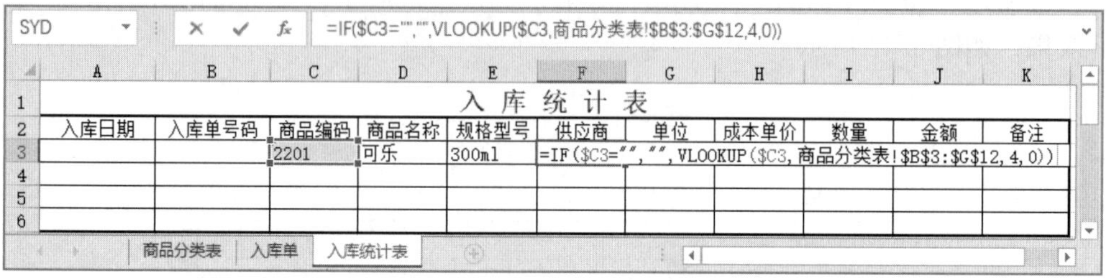

图7-45 输入引用公式（三）

步骤4：选中 G3 单元格，然后输入公式"=IF($C3="","",VLOOKUP($C3,商品分类表!$B$3:$G$12,5,0))"，按回车键确认，如图7-46所示。

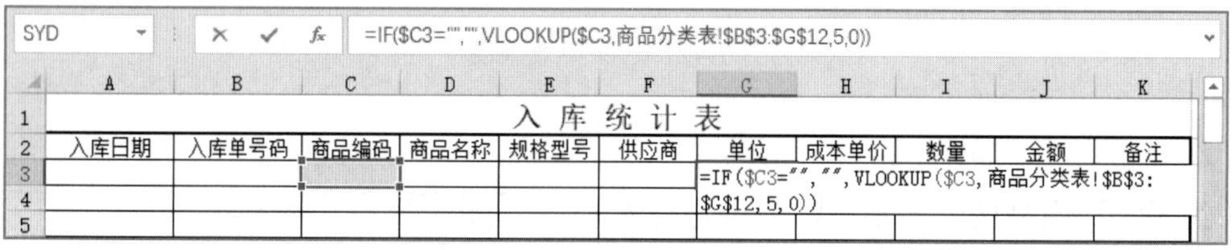

图7-46 输入引用公式（四）

步骤5：选中 H3 单元格，然后输入公式"=IF($C3="","",VLOOKUP($C3,商品分类表!$B$3:$G$12,6,0))"，按回车键确认，如图7-47所示。

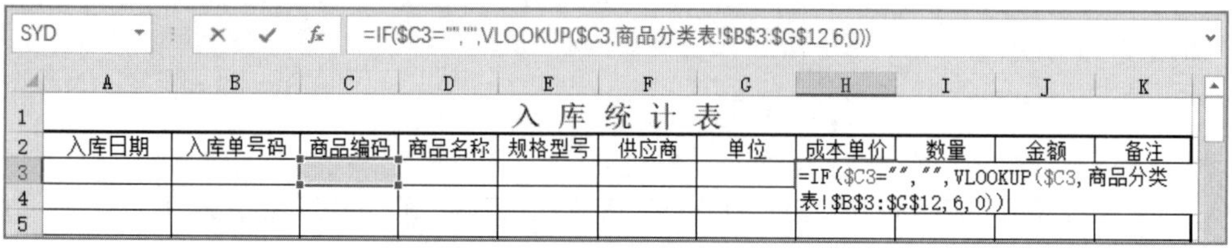

图7-47 输入引用公式（五）

步骤6：选中 D3:H3 单元格区域，将光标移动到 H3 单元格右下角，当光标变成✚形状时，按住鼠标左键不放向下拖动至 H6，填充公式，如图7-48所示。

图7-48 填充公式

步骤 7：选中 C3:C6 单元格区域，单击"数字"选项组中的"数字格式"下拉按钮，从下拉列表中选择"文本"选项，如图 7-49 所示。

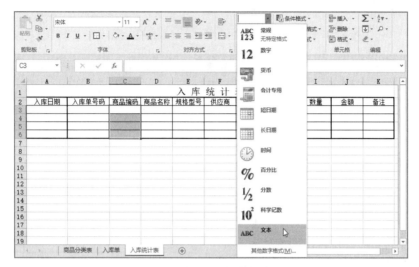

图 7-49　设置文本格式

步骤 8：选中 J3 单元格，输入公式"=H3*I3"，如图 7-50 所示。

图 7-50　输入公式

步骤 9：按回车键确认，会出现"#VALUE"，此时将光标移动到 J3 单元格的右下角，当光标变成 ✚ 形状时，按住鼠标左键不放，向下拖动填充公式至 J6，如图 7-51 所示。

图 7-51　填充公式

步骤 10：在表格中输入商品编码"2201"，此时表格中将自动显示该编码代表的商品信息，如图 7-52 所示。

图 7-52　输入商品编码

步骤 11：接着按照"入库单"输入其他信息，查看"入库统计表"最终效果，如图 7-53 所示。

图 7-53　入库统计表效果图

7.3.3　建立出库单及统计表

销售员将商品销售出去后，需要填写出库单，才能将商品从仓库中领走。为了统计所有商品的出库情况，需要创建出库统计表，将审核无误的出库单上数据登记到出库统计表中。下面将对出库统计表的创建操作进行介绍。

配套资源
第 7 章\出库统计表—原始文件
第 7 章\出库统计表—最终效果

步骤 1：打开"出库统计表"工作簿，将"入库单"复制到"出库单"工作表中，保留原格式，修改其中部分内容，即可形成出库单，入库单与出库单制作方法相同，这里不再赘述，如图 7-54 所示。

图 7-54　出库单效果图

步骤 2：在"出库统计表"工作表中，选中 D3 单元格，输入引用商品分类表的公式"=IF($C3="","",VLOOKUP($C3,商品分类表!$B$3:$G$12,2,0))"，按回车键确认，如图 7-55 所示。

图 7-55　输入公式（一）

步骤3：在E3、G3和H3单元格中分别输入引用的公式"=IF($C3="","",VLOOKUP($C3,商品分类表!$B$3:$G$12,3,0))"、"=IF($C3="","",VLOOKUP($C3,商品分类表!$B$3:$G$12,5,0))""=IF($C3="","",VLOOKUP($C3,商品分类表!$B$3:$G$12,6,0))"，然后按回车键确认，如图7-76所示。

图7-56　输入公式（二）

步骤4：选中K3单元格，输入公式"=H3*J3"，然后按回车键确认，显示"#VALUE"，如图7-57所示。

图7-57　输入公式（三）

步骤5：选中L3单元格，输入公式"=I3*J3"，然后按回车键确认，如图7-78所示。

图7-58　输入公式（四）

步骤6：选中M3单元格，输入公式"=L3–K3"，然后按回车键确认，显示"#VALUE"，如图7-59所示。

图7-59　输入公式（五）

步骤7：按照审核无误的出库单在A3单元格输入"2021/12/30"，然后在B3单元格输入"0001"，C3单元格输入"2201"，销售单价"4"，数量"1000"，则其他数据自动显示，效果如图7-60所示。

图 7-60　出库统计表效果图

7.3.4　制作库存统计表

用户创建入库统计表和出库统计表后，还需要创建库存统计表，通过引用出、入库统计表中的数据，再使用公式计算本期结存的数量和金额，使用户能够实时掌握商品的库存情况。下面对库存统计表的创建操作进行介绍。

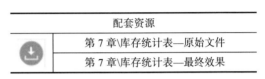

配套资源
第 7 章\库存统计表—原始文件
第 7 章\库存统计表—最终效果

步骤 1：打开"库存统计表"工作表，然后选中 B4 单元格，在其中输入公式"=IF(ISNA(VLOOKUP($A4,商品分类表!$B:$G,COLUMN(),0)),"",VLOOKUP($A4,商品分类表!$B:$G,COLUMN(),0))"，按回车键确认，引用商品分类表中的商品名称，如图 7-61 所示。

图 7-61　输入公式（一）

步骤 2：将光标移动到 B4 单元格的右下角，然后当光标变成╋形状时，按住鼠标左键不放，向右拖动填充公式至 C4 单元格，如图 7-62 所示。

图 7-62　输入公式（二）

步骤 3：选中 D4 单元格，然后修改公式为"=IF(ISNA(VLOOKUP($A4,商品分类表!$B:$G,COLUMN(),0)),"",VLOOKUP($A4，商品分类表!$B:$G，COLUMN()+1,0))"，按回车键确认，如图 7-63 所示。

图 7-63　输入公式（三）

步骤 4：选中 B4:D4 单元格区域，然后将光标移动到 D4 单元格的右下角，当光标变成✚形状时，按住鼠标左键不放，向下移动填充公式至 D8，如图 7-64 所示。

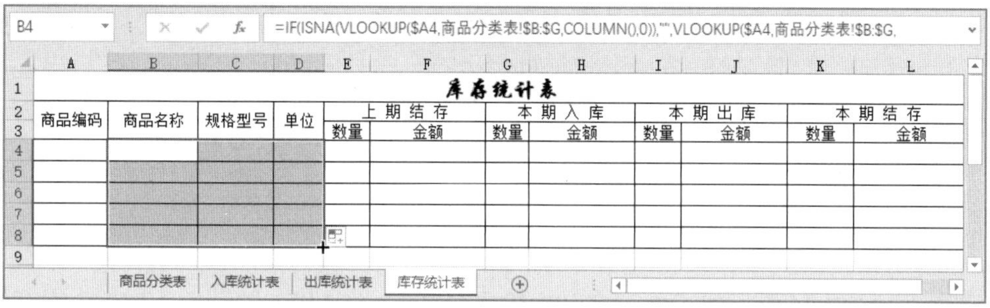

图 7-64　填充公式（四）

步骤 5：选中 F4 单元格，然后在其中输入公式"=IF(ISNA(VLOOKUP($A4,商品分类表!$B:$G,6,0)),0,VLOOKUP($A4,商品分类表!$B:$G,6,0)*E4)"，如图 7-65 所示。

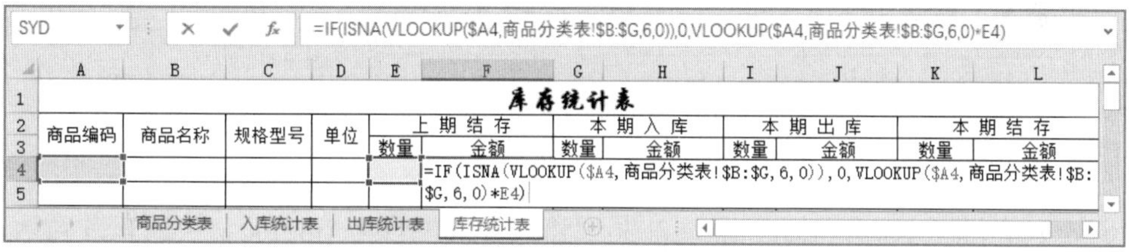

图 7-65　输入公式（五）

步骤 6：选中 G4 单元格，然后在其中输入公式"=SUMIF(入库统计表!C:C,库存统计表!A4,入库统计表!I:I)"，按回车键确认，计算本期入库的数量，如图 7-66 所示。

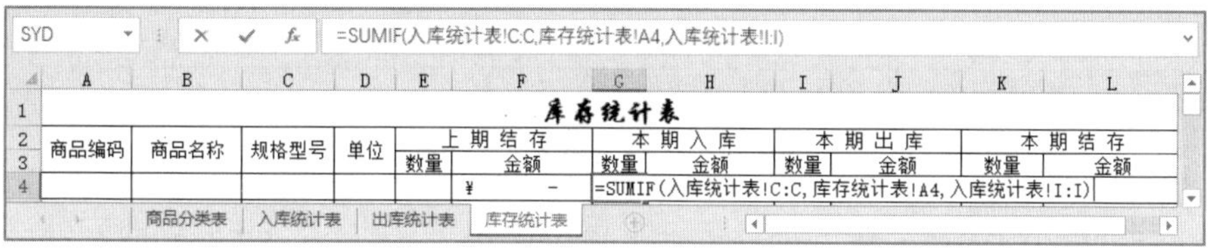

图 7-66　输入公式（六）

步骤 7：选中 H4 单元格，然后在其中输入公式"=SUMIF(入库统计表!C:C,库存统计表!A4,入库统计表!J:J)"，按回车键确认，计算本期入库的金额，如图 7-67 所示。

图 7-67　输入公式（七）

步骤 8：选中 I4 单元格，然后在其中输入公式"=SUMIF(出库统计表!C:C,库存统计表!A4,出库统计表!J:J)"，按回车键确认，计算本期出库的数量，如图 7-68 所示。

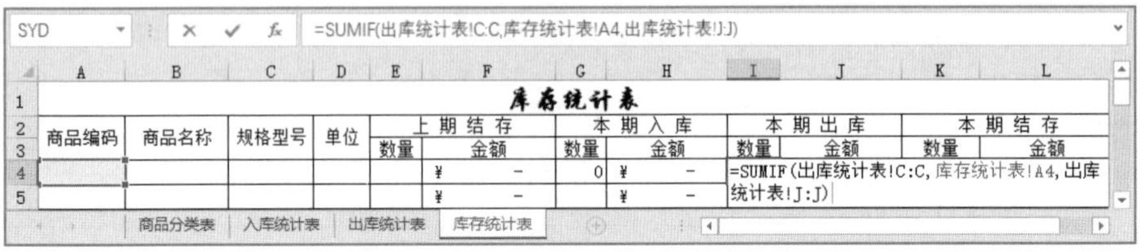

图 7-68　输入公式（八）

步骤 9：选中 J4 单元格，然后在其中输入公式"=SUMIF(出库统计表!C:C,库存统计表!A4,出库统计表!K:K)"，按回车键确认，计算本期出库的金额，如图 7-69 所示。

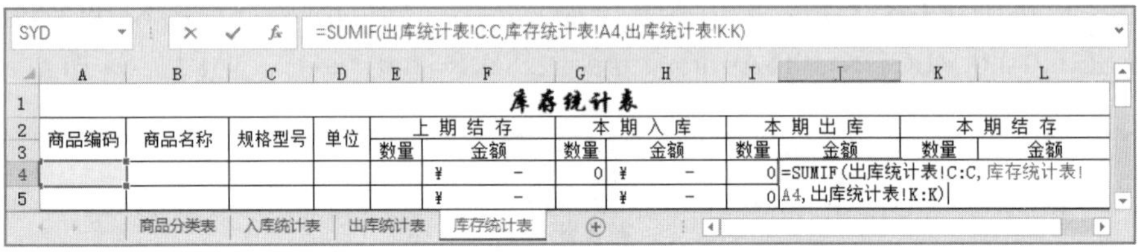

图 7-69　输入公式（九）

步骤 10：选中 K4 单元格，然后在其中输入公式"=E4+G4-I4"，按回车键确认，计算本期结存的数量，如图 7-70 所示。

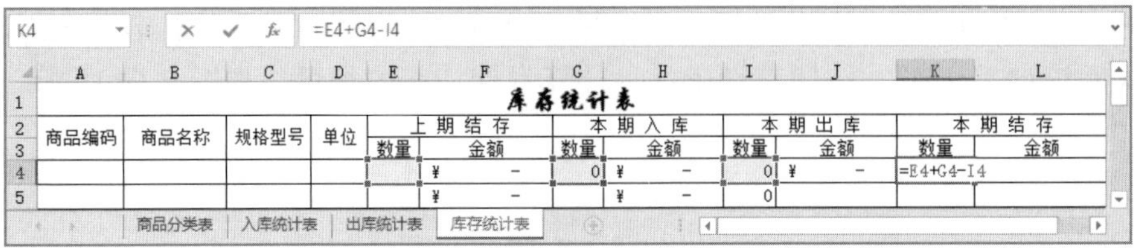

图 7-70　输入公式（十）

步骤 11：选中 L4 单元格，然后在其中输入公式"=F4+H4-J4"，按回车键确认，计算本期结存的金额，如图 7-71 所示。

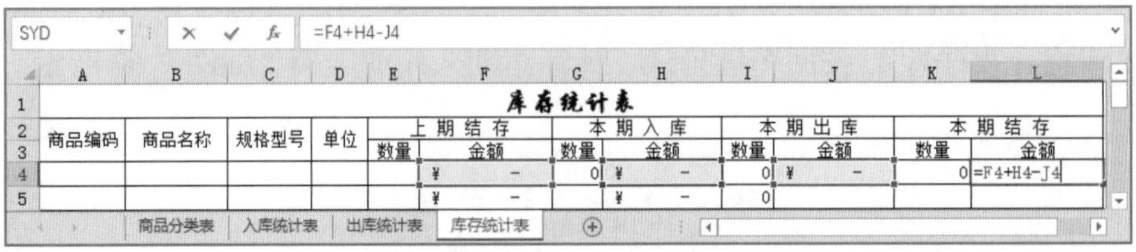

图 7-71　输入公式（十一）

步骤 12：选择 F4:L4 单元格区域，将光标移动到 L4 单元格的右下角，当光标变成✚

形状时，然后按住鼠标左键不放，向下拖动填充公式至 L8 单元格，如图 7-72 所示。

图 7-72　填充公式（十二）

步骤 13：接着在 A4:A8 单元格区域输入商品编码"111001、111002、111003、111004、111005"，在 E4:E8 单元格区域输入上期结存的数量"5000"，其余信息都会自动显示出来，查看最终的效果，如图 7-73 所示。

图 7-73　库存统计表效果图

拓展实训

一、实训目的
学会使用 Excel 设计进销存管理系统。

二、实训资料
利用 Excel 2016 的函数和公式对宏阳公司进销存经济业务管理。

宏阳公司商品分类表

商品分类表									
编码	名称	规格	供应商	单位	成本价	入库日期	数量	出库日期	数量
001	苹果汁	330 ml	甲公司	瓶	¥2.60	2021/2/1	100	2021/7/1	80
002	椰汁	270 ml	乙公司	瓶	¥3.70	2021/2/4	200	2021/2/10	100
003	葡萄汁	330 ml	甲公司	瓶	¥2.70	2021/3/1	300	2021/4/1	100
004	橙汁	700 ml	甲公司	瓶	¥2.20	2021/3/1	200	2021/3/17	170
007	柚子汁	700 ml	乙公司	瓶	¥2.30	2021/2/4	300	2021/2/17	200

三、实训要求

根据上述资料,完成下列操作:

(1)编制入库单;

(2)制作入库统计表;

(3)编制出库单;

(4)假设编码001—007的商品售价均为7元,制作库存统计表;

(5)假设所有商品上期结存数为700,制作库存统计表。

即测即练

自学自测　扫描此码

第 8 章

Excel 在财务分析中的应用

学习目标

知识目标：

1. 了解财务分析的目的，理解财务分析的过程和主要方法；
2. 理解创建比率分析表的过程，能够熟练应用财务比率；
3. 掌握数据透视表下财务对比分析方法及财务图表直观分析方法。

能力目标：

1. 掌握比率分析表的过程创建方法及财务比率的应用方法；
2. 掌握数据透视表下财务对比分析过程及步骤；
3. 掌握财务图表直观分析过程及步骤。

学习重难点：

1. 掌握比率分析表的创建方法；
2. 掌握财务对比分析方法及财务图表直观分析方法；
3. 学会应用财务比率进行分析。

工作情境与分析

小张利用 3 个月的时间在红日公司内部初步实现了 Excel 会计电算化，极大地提高了工作效率。到了年末，领导想了解公司的偿债能力、营运能力和盈利能力，以评判公司现状、预测公司未来，为公司决策提供有力的依据。小张接受了这项工作，开始学习财务分析知识、整理财务数据，为进行财务分析做好准备。小张进行的财务分析是以本单位资产负债表和利润表为基础，通过提取、加工和整理会计核算数据来产生所需的数据报表，然后进行加工处理，便可得到一系列的财务指标。根据企业管理者的需求，小张运用 Excel 2016 进行财务分析需要分别完成以下任务：财务比率分析→财务比较分析→财务图解分析。

8.1 基础知识储备

8.1.1 财务分析认知

财务分析是财务管理不可或缺的环节，是一种以会计核算、报表资料及其他相关资料为依据，采用一系列专门的分析技术和方法，对企业等经济组织过去的和现在的相关筹资活动、投资活动、经营活动的偿债能力、盈利能力和营运能力等进行分析与评价，为企业的投资者、债权人、经营者及其他关心企业的组织或个人了解企业过去、评价企业现状、预测企业未来、作出正确决策，提供准确的信息或依据的经济分析方法。无论是投资者、债权人、管理者，还是政府部门、中介机构，正确进行财务分析，对其作出理性决策都具有很强的现实意义。

8.1.2 财务分析程序

财务分析程序是指进行财务分析所应遵循的一般规程。研究财务分析程序是进行财务分析的基础与关键，它为开展财务分析工作、掌握财务分析技术指明了方向。从财务分析目标与作用出发，财务分析程序可以归纳为4个阶段。

1. 财务分析信息搜集整理阶段

财务分析信息搜集整理阶段主要由以下3个步骤组成。

（1）明确财务分析目的。进行财务分析之前，必须明确财务分析的目的：是要评价企业经营业绩、进行投资决策，还是要制定企业未来经营策略。只有明确了财务分析的目的，才能正确地搜集整理信息，选择正确的分析方法，从而得出正确的结论。

（2）制订财务分析计划。在明确财务分析目的的基础上，应制订财务分析计划，财务分析计划包括财务分析的人员组成及分工、时间进度安排，财务分析内容及拟采用的分析方法等。财务分析计划是财务分析顺利进行的保证。

（3）搜集整理财务分析信息。财务分析信息是财务分析的基础，信息搜集整理的及时性、完整性、准确性，对财务分析的正确性有着直接的影响。财务分析信息的搜集整理不仅应根据分析的目的和计划进行，还需要日积月累地搜集各种信息，才能根据不同的分析目的及时提供所需的信息。

2. 战略分析与会计分析阶段

战略分析与会计分析阶段主要由以下两个步骤组成。

（1）企业战略分析。企业战略分析通过对企业所在行业或企业拟进入行业的分析，明确企业自身地位及应采取的竞争策略。企业战略分析通常包括行业分析和企业竞争策略分析。行业分析的目的在于分析行业的盈利水平与盈利潜力。

影响行业盈利水平的因素主要有两类：一类是行业的竞争程度，另一类是市场谈判或议价能力。企业战略分析的关键在于企业如何根据行业分析的结果，正确选择企业的竞争策略，使企业保持持久的竞争优势和高盈利能力。企业的竞争策略有许多种，其中重要的竞争策略有两种，即低成本竞争策略和产品差异策略。企业战略分析是会计分析和财务分析的基础与导向。通过企业战略分析，财务人员能深入了解企业的经济状况和经济环境，从而进行客观、正确的会计分析与财务分析。

（2）财务报表会计分析。会计分析的目的在于评价企业会计所反映的财务状况与经营成果的真实程度。会计分析一方面通过对会计政策、会计方法、会计披露进行评价，揭示会计信息的质量；另一方面通过对会计灵活性、会计估价进行调整，修正会计数据，为财务分析奠定基础，并保证财务分析结论的可靠性。进行会计分析时一般按以下步骤进行：第一步，阅读会计报告；第二步，比较会计报表；第三步，解释会计报表；第四步，修正会计报表信息。

会计分析是财务分析的基础。在会计分析过程中，对发现的由于会计原则、会计政策等原因引起的会计信息差异，应通过一定的方式加以说明或调整，以解决会计信息失真的问题。

3. 财务分析实施阶段

财务分析是在战略分析与会计分析的基础上进行的，财务分析实施阶段主要包括以下两个内容：①财务指标分析。财务指标包括绝对数指标和相对数指标两种。对财务指标进行分析时，财务比率指标分析是财务分析的一种重要方法或形式。财务指标能准确反映企业某方面的财务状况。进行财务分析时，应根据分析的目的和要求选择正确的分析指标。债权人进行企业偿债能力分析时，必须选择反映偿债能力的指标或反映流动性情况的指标进行分析，如流动比率指标、速动比率指标、资产负债率指标等；而一个潜在投资者进行企业投资决策分析时，则应选择反映企业盈利能力的指标进行分析，如总资产报酬率、资本收益率、股利报偿率和股利发放率等。正确选择与计算财务指标是正确判断与评价企业财务状况的关键所在。②基本因素分析。财务分析不仅要解释现象，而且要分析原因。因素分析法就是在报表整体分析和财务指标分析的基础上，对一些主要指标的完成情况，从其影响因素角度进行深入的定量分析，确定各因素的影响方向和程度，为企业正确进行财务评价提供基本依据。

4. 财务分析综合评价阶段

财务分析综合评价阶段是财务分析实施阶段的继续，具体可分为以下3个步骤。①财务综合分析与评价。财务综合分析与评价是在应用各种财务分析方法进行分析的基础上，将定量分析结果、定性分析判断及实际调查情况结合起来，从而得出财务分析结论的过程。财务分析结论是财务分析的关键性内容，结论的正确性是判断财务分析质量的唯一标准。分析结论的得出往往需要经过多次判断与确认。②财务预测与价值评估。财务分析既是一个财务管理循环的结束，又是另一个财务管理循环的开始。应用历史或现实的财务分析结果预测未来财务状况与企业价值，是企业财务分析的重要任务之一。因此，财务分析不能仅满足于事后分析原因，得出结论，还要对企业的未来发展及价值状况进行分析与评价。③财务分析报告。财务分析报告是财务分析的最后步骤。它将财务分析的基本问题、财务分析结论及针对问题提出的措施建议以书面的形式表示出来，为财务分析主体及财务分析报告的其他受益者提供决策依据。财务分析报告可作为财务分析工作的总结，还可作为历史信息供以后的财务分析参考，从而保证财务分析的连续性。

8.1.3 财务分析的方法

一般来说，财务分析方法主要有以下 3 种。

1. 财务比率分析法

财务比率分析法是解释财务报表的一种基本分析方法，它通过对财务报表中的相关项目进行比较，将分析对比的绝对数变成相对数，从而说明财务报表上所列项目之间的相互关系，并作出某些解释和评价。财务比率分析法是一种常用的财务分析方法，企业运用财务比率分析法可以分析评价偿债能力、盈利能力、营运能力等内容。

2. 财务比较分析法

财务比较分析法是指通过对财务报表中各类相关的数字进行分析比较，尤其是将一个时期的报表同另一个或几个时期的报表进行比较，以判断一家公司的财务状况、经营业绩的演变趋势及在同行业中地位的变化情况的一种财务分析方法。财务比较分析法的目的在于确定引起公司财务状况和经营成果变动的主要原因、确定公司财务状况和经营成果的发展趋势对投资者是否有利及预测公司未来发展趋势。财务比较分析法从总体上看属于动态分析，以差额分析法和比率分析法为基础，可以有效地弥补不足，是财务分析的重要手段。

3. 财务图解分析法

财务图解分析法是指将企业连续多个会计期间的财务数据或财务指标绘制成图表，根据图形走势来判断企业财务状况、经营成果的变化趋势的一种财务分析方法。这种方法能简单、直观地反映企业财务状况的发展趋势，使分析者能够发现一些通过财务比较分析法不易发现的问题。

红日公司计划采用以上方法进行财务分析，财务分析的数据来源为资产负债表、利润表等。

8.2 财务分析初始化设置

8.2.1 创建财务比率分析模型

财务比率分析模型以财务比率分析为基础，使管理者能准确、简单、快捷地掌握企业财务状况，从而可以有效地统一指标的数据源，加快数据的处理能力，提高数据计算的准确性，为评价和改进财务管理工作提供可靠的依据。为了综合反映财务比率的情况，用户可以将财务指标汇总到一张表格中，综合反映企业的财务状况。下面将介绍财务比率分析表的创建过程。

配套资源
第 8 章\财务比率分析模型—原始文件
第 8 章\财务比率分析模型—最终效果

步骤 1：打开"财务比率模型"工作簿，在新建的"财务比率分析表"工作表中，按照下图所示内容制作表格，如图 8-1 所示。

图 8-1　创建财务比率分析表

步骤 2：选中 B3:C25 单元格区域，打开"开始"选项卡，单击"样式"选项组中的"条件格式"按钮，从弹出的下拉列表中选择"新建规则"，在"选择规则类型"列表框中选择"使用公式确定要设置格式的单元格"选项，如图 8-2 所示。

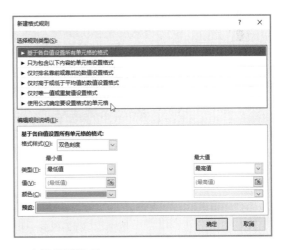

图 8-2　选择规则类型

步骤 3：在"为符合此公式的值设置格式"文本框中输入公式"= MOD(ROW(),2) = 1"，单击"格式"按钮，弹出"设置单元格格式"对话框，背景色选择"绿色"，如图 8-3 所示。

177

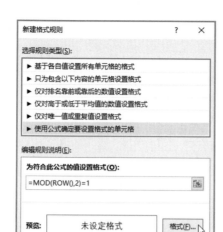

图 8-3　设置背景色

步骤 4：单击"确定"按钮后，返回"新建格式规则"对话框，在"预览"区域中可以看到设置后的效果，再次单击"确定"按钮，此时选中单元格区域中奇数行就被设置了底纹，如图 8-4 所示。

图 8-4　财务比率分析模型效果图

8.2.2　制作财务比率分析表

变现能力比率、资产管理比率、负债比率和盈利能力比率都是根据资产负债表和利润表中的数据计算得到的。下面介绍在"财

配套资源
第 8 章\财务比率分析表—原始文件
第 8 章\财务比率分析表—最终效果

务比率分析表"中，通过利润表和资产负债表计算各种比率的操作方法。

步骤1：打开"财务比率分析表"工作表，选中C5:C6、C8:C15、C17:C20和C22:C25单元格区域，将其单元格格式设置为"数值"格式，小数位数设置为"2"，如图8-5所示。

图8-5　设置小数位数

步骤2：选中C5单元格，根据公式"流动比率＝流动资产/流动负债"计算流动比率，输入公式"＝ABS（资产负债表!D12/资产负债表!H10）"，按回车键确认，然后选中C6单元格，根据公式"速动比率＝（流动资产－存货）/流动负债"，输入计算速动比率公式"＝ABS（（资产负债表!D12－资产负债表!D11）/资产负债表!H10）"，按回车键确认，如图8-6所示。

图8-6　输入流动比率和速动比率计算公式

步骤3：选中C8单元格，根据公式"存货周转率=销售成本/（（期初存货余额+期末存货余额）/2）"，输入计算存货周转率公式"＝ABS（利润表!C5/（（资产负债表!C11＋资产负债表!D11）/2））"，按回车键确认；选中C9单元格，根据公式"存货周转天数＝360/存货周转率"，输入计算存货周转天数公式"＝360/C8"，按回车键确认；选中C10单元格，根据公式"应收账款周转率=销售收入/（（期初应收账款净额＋期末应收账款金额）/2）"，输入计算应收账款周转率公式"＝ABS（利润表!C4/（（资产负债表!C9＋资产负债表!D9）/2))"，按回车键确认，如图8-7所示。

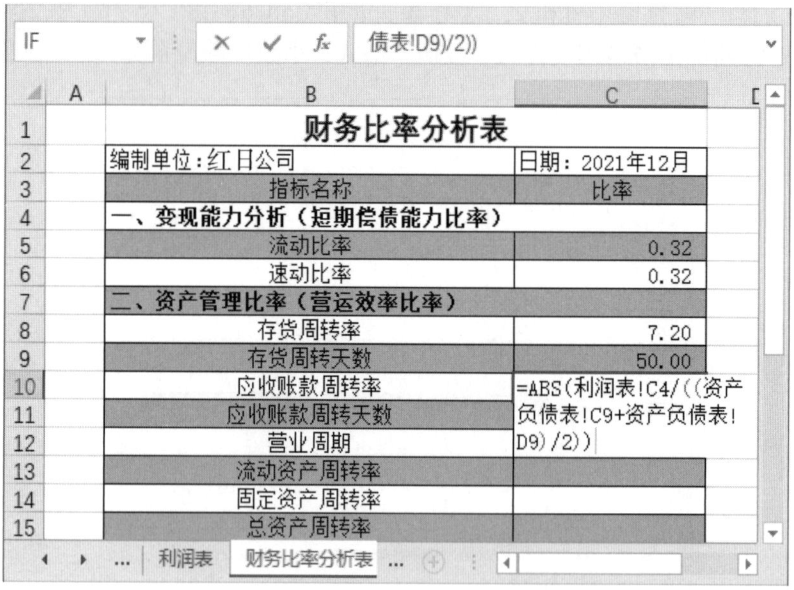

图8-7 输入周转率和周转天数计算公式

步骤4：选中C11单元格，根据公式"应收账款周转天数＝360/应收账款周转率"，输入计算应收账款周转天数的公式"＝360/C10"，按回车键确认；选中C12单元格，根据公式"营业周期＝存货周转天数+应收账款周转天数"，输入计算营业周期公式"＝C9＋C11"，按回车键确认；选中C13单元格，根据公式"流动资产周转率＝销售收入/((流动资产期初余额＋流动资产期末余额)/2)"，输入计算流动资产周转率公式"＝利润表!C4/((资产负债表!C12＋资产负债表!D12)/2)"，按回车键确认，如图8-8所示。

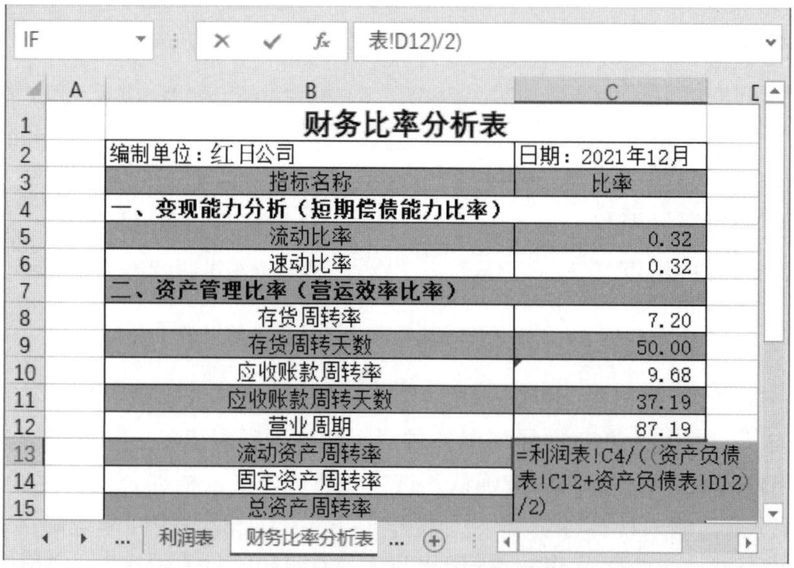

图8-8 输入周转天数、营业周期和周转率计算公式

步骤 5：选中 C14 单元格，根据公式"固定资产周转率＝销售收入/((固定资产期初净值＋固定资产期末净值)/2)"，输入计算固定资产周转率公式"＝利润表!C4/((资产负债表!C17＋资产负债表!D17)/2)"，按回车键确认；选中 C15 单元格，根据公式"总资产周转率＝销售收入/((期初资产总额＋期末资产总额)/2)"，输入计算总资产周转率公式"＝利润表!C4/((资产负债表!C20＋资产负债表!D20)/2)"，按回车键确认；选中 C17 单元格，根据公式"资产负债率＝负债总额/资产总额"，输入计算资产负债率公式"＝ABS（资产负债表!H14/资产负债表!D20）"，按回车键确认，如图 8-9 所示。

	A	B	C
4		一、变现能力分析（短期偿债能力比率）	
5		流动比率	0.32
6		速动比率	0.32
7		二、资产管理比率（营运效率比率）	
8		存货周转率	7.20
9		存货周转天数	50.00
10		应收账款周转率	9.68
11		应收账款周转天数	37.19
12		营业周期	87.19
13		流动资产周转率	0.54
14		固定资产周转率	0.09
15		总资产周转率	0.06
16		三、负债比率（长期偿债能力比率）	
17		资产负债率	=ABS(资产负债表!H14/资产负债表!D20)
18		产权比率	

图 8-9　输入周转率和资产负债率计算公式

步骤 6：选中 C18 单元格，根据公式"产权比率＝负债总额/股东权益"，输入计算产权比率公式"＝ABS（资产负债表!H14/资产负债表!H19）"，按回车键确认；选中 C19 单元格，根据公式"有形净值负债率＝负债总额/(股东权益－无形资产净值)"，输入计算有形净值债务率公式"＝ABS（资产负债表!H14/（资产负债表!H19－0））"，按回车键确认；选中 C20 单元格，根据公式"已获利息倍数＝息税前利润/利息费用"，输入计算已获利息倍数的公式"＝利润表!C9/利润表!C16"，按回车键确认，如图 8-10 所示。

步骤 7：选中 C22 单元格，根据公式"销售毛利表率＝（销售收入－销售成本）/销售收入净额"，输入计算销售毛利率公式"＝（利润表!C4－利润表!C5）/利润表!C4"，按回车键确认；选中 C23 单元格，根据公式"销售净利率＝净利润/销售收入净额"，输入计算销售净利率公式"＝利润表!C18/利润表!C4"，按回车键确认；选中 C24 单元格，根据公式"资产报酬率＝净利润/平均资产总额"，输入计算资产报酬率公式"＝利润表!C18/((资产负债表!C20＋资产负债表!D20)/2)"，按回车键确认；选中 C25 单元格，根据公式"股东权益报酬率＝净利润/((期初股东权益＋期末股东权益)/2)"，输入计算股东权益报酬率公式"＝ABS(利润表!C18/((资产负债表!C19＋资产负债表!D19)/2))"，按回车键确认，如图 8-11 所示。

图 8-10　输入负债比率计算公式

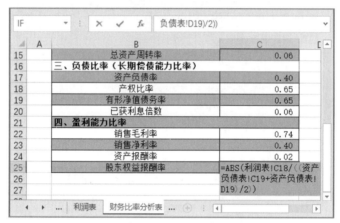

图 8-11　输入盈利能力比率计算公式

步骤 8：查看设置后的效果，如图 8-12 所示。

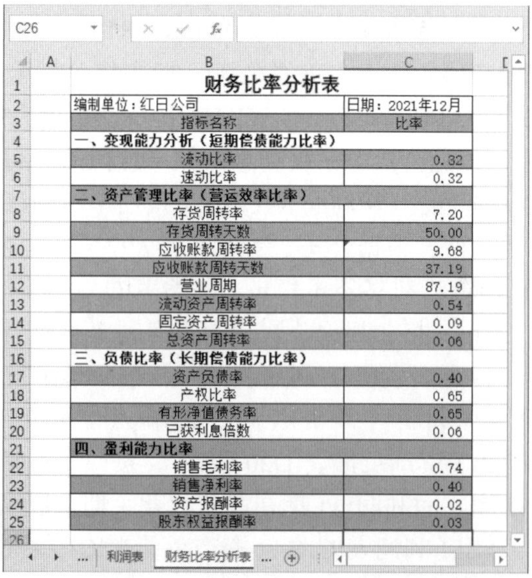

图 8-12　财务比率分析表效果图

8.3 财务对比分析

8.3.1 创建财务数据透视表

数据透视表不仅具有分类汇总的能力，还可以添加字段，计算财务比率与标准比率之间的差异值。下面将介绍使用数据透视表对财务比率进行对比分析的方法。

配套资源
第 8 章\财务对比分析表—原始文件
第 8 章\财务数据透视表—最终效果

步骤 1：打开"财务对比分析表"工作表，然后将"财务比率分析表"C 列的实际比率输入"财务对比分析表"的 D 列中，如图 8-13 所示。

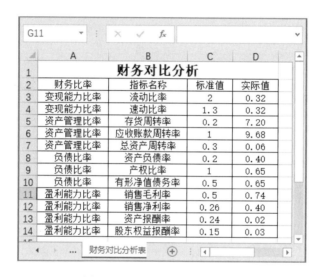

图 8-13　录入财务比率实际值

步骤 2：选中 A2:D14 单元格，然后打开"插入"选项卡，单击"表格"选项组中的"数据透视表"按钮，在弹出"创建数据透视表"对话框中，核对所选区域是否正确，选中"新工作表"单选按钮，单击"确定"按钮，然后弹出空白的数据透视表 sheet1 和"数据透视表字段"窗格，如图 8-14 所示。

步骤 3：在表格右侧的"数据透视表字段"窗格中，然后依次选中"财务比率、指标名称、标准值、实际值"字段，则字段会自动出现在合适的区域中，如图 8-15 所示。

步骤 4：关闭"数据透视表字段"窗格，单击数据透视表的任意单元格，然后打开"数据透视表工具—设计"选项卡，单击"布局"选项组中的"报表布局"下拉按钮，最后从弹出的下拉列表中选择"以表格形式显示"选项，单击"布局"选项组中的"分类汇总"下拉按钮，从弹出的下拉列表中选择"不显示分类汇总"选项，如图 8-16 所示。

图 8-14　创建数据透视表

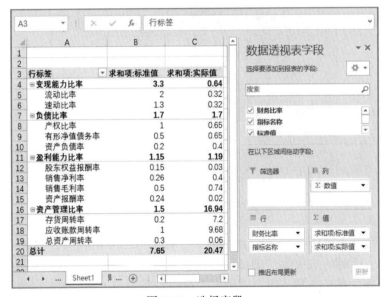

图 8-15　选择字段

图 8-16　不显示分类汇总

步骤 5：打开"数据透视表工具—分析"选项卡，单击"数据透视表"选项组中的"选项"按钮，弹出"数据透视表选项"对话框，然后打开"设计"选项卡中的"布局和格式"选项，勾选"合并且居中排列带标签的单元格"复选框，最后单击"确定"按钮，如图 8-17 所示。

步骤 6：打开"数据透视表工具—分析"选项卡，单击"计算"选项组中的"字段、项目和集"下拉按钮，从弹出的下拉列表中选择"计算字段"选项，弹出"插入计算字段"对话框，然后在"名称"文本框中输入"差异"，在"公式"文本框中输入公式"=实际值 − 标准值"，如图 8-18 所示。

图 8-17　设置透视表布局

图 8-18　输入计算字段公式

步骤 7：单击"确定"按钮，此时，数据透视表中就多了一个名为"差异"的字段，然后单击"筛选"选项组中的"插入切片器"按钮，在弹出的"插入切片器"对话框，勾选"财务比率"复选框，单击"确定"按钮，弹出"财务比率"切片器，将光标移动到切片器的右下角，当光标变成形状时，按住鼠标左键并拖曳，调节切片器的大小，选中切片器，打开"切片器工具—选项"选项卡，单击"切片器样式"选项组中的下拉列表按钮，选择"切片器样式，浅色 1"选项，如图 8-19 所示。

步骤 8：设置好切片器样式后，选择切片器中"盈利能力比率"选项，即可查看筛选效果，并将 sheet1 重命名为"财务数据透视表"，如图 8-20 所示。

图 8-19 选择切片器样式

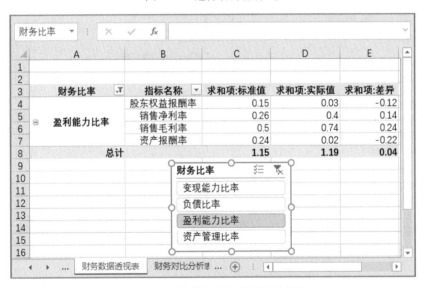

图 8-20 财务数据透视表最终效果图

8.3.2 制作财务数据透视图

数据透视图是用来辅助数据透视表进行数据分析的,使用数据透视图可以使数据透视表中的数据更加直观地显示出来,也更容易进行比较。下面将介绍使用数据透视图对财务比率进行对比分析的操作方法。

配套资源
第 8 章\财务数据透视表—原始文件
第 8 章\财务数据透视图—最终效果

步骤 1：打开"财务数据透视表"单击"财务比率"切片器上的"清除筛选器"按钮，取消数据透视表的筛选状态，如图 8-21 所示。

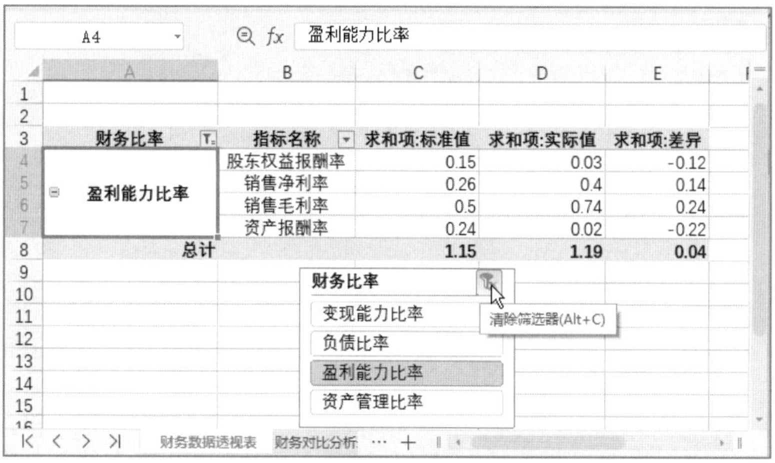

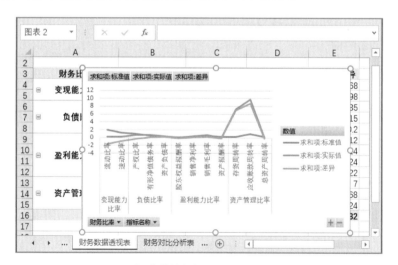

图 8-21　取消数据透视表筛选状态

步骤 2：单击 A3 单元格，打开"数据透视表工具—分析"选项卡，单击"工具"选项组中的"数据透视图"按钮，弹出"插入图表"对话框，选择"折线图>带数据标记的折线图"选项，单击"确定"按钮，创建带数据标记的折线数据透视图，在图上分别显示了各类指标的标准值、实际值和差异值，如图 8-22 所示。

图 8-22　创建带数据标记的折线数据透视图

步骤 3：打开"数据透视图工具—分析"选项卡，单击"显示/隐藏"选项组下拉列表中的"字段按钮"下拉按钮，从弹出的下拉列表中取消"显示值字段按钮"选项的勾选，返回数据透视图，此时，值字段按钮就不显示了，选中图例，按"删除"键将其删除，如图 8-23 所示。

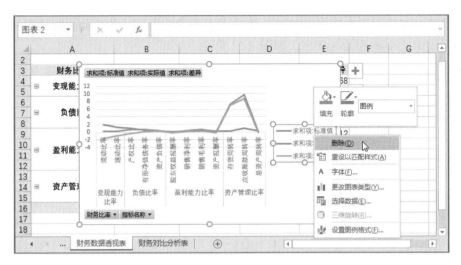

图 8-23　删除图例

步骤 4：打开"数据透视图工具—设计"选项卡，单击"图表布局"选项组中的"添加图表元素"下拉按钮，从弹出的下拉列表中选择"数据表>显示图例项标示"选项，此时，数据透视图中添加了带图例项标示的数据表，并且详细列出了各个比率的值，如图 8-24 所示。

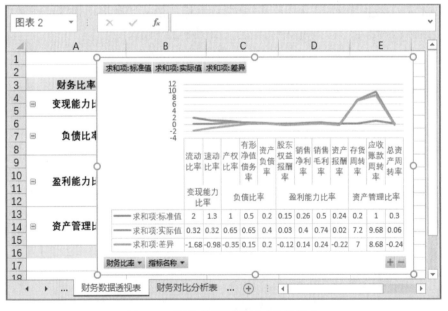

图 8-24　添加带图例项标示的数据表

步骤 5：打开"数据透视图工具—分析"选项卡，单击"显示/隐藏"选项组中的"字段列表"按钮，然后再打开"数据透视表字段"窗格，取消"财务比率"字段复选框的勾选，此时，在数据透视图上"财务比率"字段就消失了，如图 8-25 所示。

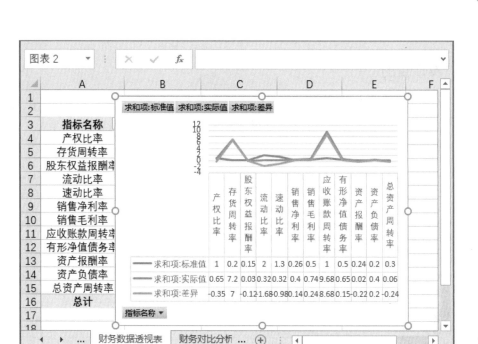

图 8-25 取消勾选复选框

步骤 6：选择财务比率切片器中的"盈利能力比率"选项，此时，在数据透视图上就只显示关于盈利能力的 4 个财务指标的值。通过切片器也可以对数据透视图进行筛选分析，最后将工作表名称重命名为"财务数据透视图"，如图 8-26 所示。

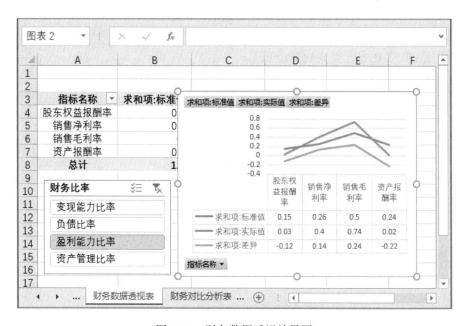

图 8-26 财务数据透视效果图

拓展实训

一、实训目的

1. 学会使用 Excel 设计财务分析系统。
2. 学会运用筛选及数据分析工具进行财务数据汇总和查询。

二、实训资料

财务对比分析表			
财务比率	指标名称	标准值	实际值
变现能力比率	流动比率	2.0	6.0
变现能力比率	速动比率	1.3	4.6
资产管理比率	存货周转率	0.2	0.9
资产管理比率	应收账款周转率	1.0	2.3
资产管理比率	总资产周转率	0.3	0.8
负债比率	资产负债率	0.2	0.8
负债比率	产权比率	1.0	1.7
负债比率	有形净值债务率	0.5	0.9
盈利能力比率	销售毛利率	0.5	1.1
盈利能力比率	销售净利率	0.3	0.8
盈利能力比率	资产报酬率	0.2	0.9
盈利能力比率	股东权益报酬率	0.2	0.3

三、实训要求

根据上述财务对比分析表中的数据，完成下列练习：

1. 利用数据透视表进行财务分析；
2. 利用财务图表进行直观财务分析。

即测即练

自学自测　扫描此码

第 9 章

Excel 在筹资与投资管理中的应用

学习目标

知识目标：

1. 了解资金需要量预测的方法；
2. 掌握资本成本和最优资本结构的概念；
3. 掌握投资决策评价方法。

能力目标：

1. 掌握资金需要量预测的销售百分比法的运用方法；
2. 运用 Excel 2016 设计资金需要量的销售百分比法模型；
3. 运用 Excel 2016 设计长期借款基本模型；
4. 学会使用 Excel 2016 对最优资本结构及投资决策进行分析；
5. 运用 Excel 2016 设计投资决策对比分析模型及创建投资决策风险分析表。

学习重难点：

1. 掌握筹资单变量决策模型设计；
2. 掌握最优资本结构分析方法；
3. 学会应用项目风险投资决策分析方法。

工作情境与分析

小张运用 Excel 2016 在红日公司内部实现了会计电化，提高了工作效率，并且完成了财务分析工作，为领导了解企业的偿债能力、变现能力和盈利能力，以及评判企业现状、预测企业未来提供了有力的依据，得到了领导的表扬和嘉奖。小张备受鼓舞，决定再接再厉，尝试利用 Excel 2016 进行资金筹集与投资管理，为确保企业高速运转做出贡献。于是，小张开始学习资金筹集管理知识，整理财务数据，为进行筹资管理做好准备。另外还设计了资金需要量预测模型、长期借款筹资决策模型和最优资本结选择模型，这些模型在企业资金筹集管理中发挥了重要的作用。小张认为利用 Excel 2016 强大财务函数也能建立投资管理模型，于是便开始学习投资管理知识，整理财务数据，为进行筹资与投资管理做好准备。小张需完成以下几个任务：资金需要量预测分析→长期借款筹资决策分析→资本成本和最优资本结构分析→投资决策分析。

9.1 基础知识储备

9.1.1 筹集资金的认知

筹资活动是企业资金流转运动的起点，筹资管理要解决企业为什么要筹资、需要筹集多少资金、从什么渠道以什么方式筹集资金，以及如何协调财务风险、降低资金成本、合理安排资本结构等问题。

筹资管理具体包括以下3个方面。

1. 科学预计资金需要量

企业为了形成生产经营能力、保证生产经营正常运行，必须持有一定数量的资金。资金筹集少了，无法满足生产经营的需要，但也并非筹得越多越好，因为筹集资金是有成本的。所以，企业应根据自己的经营状况和投资发展规划，合理预测资金需要量。

2. 合理安排筹资渠道，选择筹资方式

有了资金需求后，企业要解决资金从哪里来、以什么方式取得的问题，也就是筹资渠道的安排和筹资方式的选择问题。企业最基本的筹资渠道有两条：通过发行股票、债券等方式从社会取得资金的直接筹资渠道；通过银行等金融机构以信贷关系间接从社会取得资金的间接筹资渠道。对于不同渠道的资金，企业可以通过不同的筹资方式来取得。筹资方式是企业筹集资金采取的具体方式，一般来说，企业最基本的筹资方式有两种：股权筹资和债权筹资。企业应在权衡不同性质资金的数量、成本和风险的基础上，按照不同的筹资渠道选择合理的筹资方式，有效筹集资金。

3. 降低资金成本，控制财务风险

资金成本是企业筹集和使用资金付出的代价，包括资金筹集费用，如股票发行费、借款手续费等，以及资金使用费用，如股利支出、利息支出等。按不同方式取得资金的成本是不同的。一般来说，债务资金的资金成本比股权资金的资金成本低，而且债务资金的资金成本可以税前扣除，具有抵税效应。企业筹资的资金成本需要通过资金使用所取得的收益与报酬来补偿，资金成本的高低，决定了企业资金使用的最低投资报酬率要求。尽管债务资金的资金成本率较低，但因为有还本付息的压力，财务风险较大。因此，企业在筹资管理中需要衡量债务清偿的财务风险，合理利用资金成本较低的资金种类，努力降低资金成本率。

9.1.2 投资管理的认知

企业投资管理是以企业战略为目标，在市场调研、企业内部环境分析的基础上，运用一定的投资管理理论、方法和工具，充分考虑，采用一定的程序对投资的必要性、可行性、风险性进行分析，对投资规模、投资方向、投资结构、投资收益等关键问题进行分析、判断并进行方案选择的过程。

1. 企业投资管理活动内容

主要包括资本性投资、生产性投资和金融性投资等方面。投资决策者要充分考虑各类投资的内外部影响因素，并进行详细分析才能作相应的决策。上述案例涉及生产性投资，首先要考虑生产设备投资的形式，然后考虑资金成本、设备折旧、租金支出、税前扣除等因素对企业投资效益的影响。

2. 企业投资决策程序

一般情况下，投资决策主要包括确定投资目标、选择投资方向、制订可行的投资方案、评价投资方案、投资项目选择及反馈，调整决策方案和投资后的评价等流程，并按照PDCA[即Plan（计划）Do（执行）Check（检查）和Act（处理）]的思路进行各环节的优化。

3. 企业投资决策评价方法

投资决策评价方法主要分为不考虑资金时间价值与考虑资金时间价值的两类方法。其中，不考虑资金时间价值的投资决策评价方法主要有投资回收期法、会计报酬率法等，一般作为辅助方法使用；考虑资金时间价值的投资决策评价方法主要包括净现值法、现值数法、内含报酬率法等。

9.1.3 资金需要量预测

资金需求预测又称资金需要量预测，是筹资的数量依据，也是企业进行筹资的前提。进行资金需求预测的基本目的是：既保证筹集的资金能满足生产经营的需要，又不会让多余的资金闲置。

1. 资金需求预测的步骤

一般情况下，资金需求预测的基本步骤如下。

（1）进行销售预测。把销售数据视为已知数，作为资金需求预测的起点。销售预测是资金需求预测的基础和前提。

（2）估计需要的资产。通常，流动资产是销售量的函数，根据历史数据可以分析出该函数关系。根据预计销售量和资产销售函数，可以预测所需流动资产的总量。某些流动负债也是销售量的函数，亦应预测负债的自发增长，这种增长可以减少企业外部融资的数额。

（3）估计收入、费用和净收益。假设收入和费用是销售量的函数，可以根据销售数据估计收入和费用，并确定净收益。净收益和股利支付率共同决定留存收益所能提供的资金数额。

（4）估计所需筹资金额。根据预计资产总量，减去已有的资金、负债的自发增长和内部提供的资金便可得出外部筹资的需求。

2. 资金需求预测的方法

资金需求预测主要有以下两种方法：销售百分比法和资金习性法。

1）销售百分比法

由于销售收入是影响资金需求最重要的因素，因此，可通过分析资产、负债各个项目与销售收入总额之间的依存关系，按预期的销售收入的增长情况预测资金需求，这就是销售百分比法。销售百分比法假设资产、负债和销售收入之间存在稳定的百分比关系，根据预计销售收入和相应的百分比预计资产、负债和所有者权益，然后利用会计等式确定融资需求。

销售百分比法主要有两种：一种是先根据销售总额预计资产、负债和所有者权益的总额，然后确定融资需求；另一种是根据销售的增加额预计资产、负债和所有者权益的增加额，然后确定融资需求。销售百分比法是比较简单的一种资金需求预测方法，适合预测较短期的资金变动，但无法对长期资金需求进行准确预测。

2）资金习性法

资金习性法是指根据资金的变动同产销量之间的依存关系预测未来资金需要量的一种方法。利用这种方法时，要求把企业的总资金划分为与产销量成正比的变动资金和不受产销量变动的影响而保持固定不变的固定资金两部分，然后再进行资金需要量预测。资金习性法具体包括高低点法和散点图法（又称散布图法）。

实务中使用销售百分比法的较多，本书主要讲述该种方法的应用，通过 Excel 2016 可帮助企业快速、便捷地预计资金需要量。

9.1.4　投资决策指标

与投资有关的决策称为投资决策，是对各种投资方案进行分析、评价、选择，最终确定最佳投资方案的过程。按照是否考虑资金的时间价值，投资决策评价方法可分为静态评价法和动态评价法。静态评价指标包括投资回收期、投资收益率等，动态评价指标包括净现值、净现值指数、内含报酬率等。

投资决策指标用于比较和衡量项目的可操作性，根据是否考虑时间价值因素可分为非贴现现金流量指标和贴现现金流量指标。

（1）非贴现现金流量指标。非贴现现金流量指标是指不考虑资金时间价值，直接根据不同时期的现金流量分析项目经济效益的各种指标，包括投资回收期、投资收益率等。

①投资回收期。投资回收期是指以项目的净收益收回总投资所需要的时间。它是反映投资项目资金回收能力和资金周转速度的重要指标，一般情况下，期限越短越好。

②投资收益率。投资收益率（r）是指项目方案产生生产能力后，在正常生产年份内，年平均净收益与投资总额的比值，它反映项目投资支出的获利能力。利用投资收益率进行判别的优点是简明、易算、易懂；缺点是没有考虑资金的时间价值，因此只能作为辅

助方法使用。

（2）贴现现金流量指标。贴现现金流量指标是考虑资金时间价值因素，综合评价投资活动的经济效益的各种指标，包括净现值、净现值指数、内含报酬率等。

①净现值。投资项目投入使用后的净现金流量，按资本成本或企业要求达到的报酬率折算为现值，减去初始投资现值之后的余额，叫作净现值（NPV）。即按资金成本或企业要求达到的报酬率折算成的总现值超过初始投资的金额。它考虑了投资方案在计算期内各年现金流量的时间价值，使各种不同类型现金支出和收入的方案具有可比性。

②净现值指数。净现值指数（PVI）是指投资方案未来现金流量按资金成本或要求的投资报酬率贴现的总现值与初始投资额现值之比。净现值指数法考虑了资金的时间价值，能够真实地反映投资项目的盈亏程度，由于净现值指数是用相对数表示的，所以有利于在初始投资额不同的投资方案之间进行对比。净现值指数法的缺点是利润指数的概念不便于理解。

③内含报酬率。内含报酬率（IRR）是指投资方案在其寿命周期内，按现值计算的实际投资报酬率。根据这个报酬率，对方案寿命周期内的各年现金流量进行贴现，未来报酬的总现值正好等于该方案初始投资的现值。内含报酬率法考虑了资金的时间价值，反映了投资项目的真实报酬率，概念也易于理解，是一种应用广泛、科学合理的投资决策指标。但这种方法的计算过程比较复杂，特别是每年不相等的投资项目，一般要经过多次测算才能得出，所以在手工方式下，它的计算过程过于烦琐。

9.2　筹资决策分析

9.2.1　创建资金需要量预测表

财务预测是财务管理的一个重要环节，资金需要量预测是财务预测的重要内容。资金需要量预测是指企业根据生产经营的需求，对未来所需资金进行估计和推测。企业筹集金时，首先要进行资金需要量预测，即对企业未来组织生产经营活动的资金需要量进行估计、分析，这是企业制订融资计划的基础。企业最为常用的方法为销售百分比法，根据销售额与资产负债表中有关项目间的比例关系，预测各项目短期资金需要量，创建资金需要量预测表的步骤如下。

配套资源
第9章\资产负债表表—原始文件
第9章\资金需要量预测表—最终效果

步骤1：打开"资金需要量预测"表，将"sheet1"工作表重命名为"销售百分比法"，在A2单元格输入"红日公司"，在B2单元格输入"2021年12月31日"，在D2单元格输入"元"，选择B16:B23和D16:D23单元格区域，打开"开始"选项卡中的"数字"选项卡组，将单元格格式设置为"百分比"，如图9-1所示。

步骤2：在B列各单元格输入以下公式："B16＝B4/A29，B17＝B5/A29，B18＝B6/A29，B23＝SUM(B16:B18)"，然后以上单元格自动显示"#DIV/0!"，最后在B19单元格中输入"N"，在D列各单元格输入以下公式："D16＝D4/A29，D17＝D5/A29，D23＝

SUM(D16:D17)”，以上单元格自动显示“#DIV/0!”，最后在 D18:D22 单元格中输入“N”，输入公式后的效果，如图 9-2 所示。

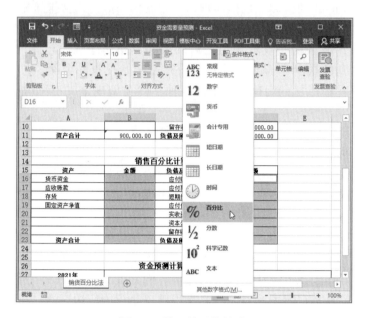

图 9-1　设置单元格格式

	A	B	C	D
14		销售百分比计算表		
15	资产	金额	负债及所有者权益	金额
16	货币资金	#DIV/0!	应付账款	#DIV/0!
17	应收账款	#DIV/0!	应付票据	#DIV/0!
18	存货	#DIV/0!	短期借款	N
19	固定资产净值	N	应付债券	N
20			实收资本	N
21			资本公积	N
22			留存收益	N
23	资产合计	#DIV/0!	负债及所有者权益合计	#DIV/0!

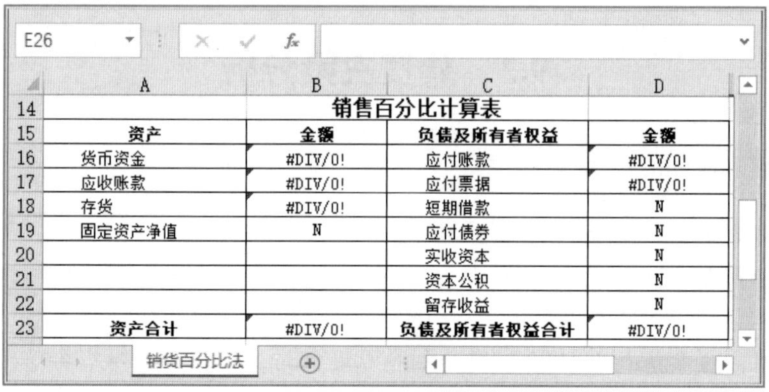

图 9-2　输入销售百分比表计算公式

步骤 3：选择 B29:D29 单元格区域，单击鼠标右键，然后在下拉菜单中选择“设置单元格格式”，在出现的对话框中选择“数字”选项下“分类”中的“百分比”，最后将小数位数改为“0”，单击“确认”按钮，如图 9-3 所示。

步骤 4：在 A29:D29 单元格区域中依次输入销售额“1000000”、销售净利率“6%”、销售额增长率“23%”、股利分配率“46%”；在 E29 单元格中输入公式“= (B23 − D23)*A29*C29 − A29*(1 + C29)*B29*(1 − D29)”，如图 9-4 所示。

图 9-3 设置小数位数

图 9-4 输入数据及公式

步骤 5：按回车键，即可计算出 2022 年的资金需要量为 44098 元，如图 9-5 所示。

图 9-5 资金预测计算表效果图

9.2.2 设计长期借款基本模型

配套资源
第 9 章\长期借款数据表—原始文件
第 9 章\长期借款基本模型—最终效果

长期借款是指企业向银行或其他非银行金融机构借入的、期限在 1 年以上的各种借款，主要用于购建固定资产和弥补企业流动资金的不足。企业对长期借款支付的利息通常在所得税前扣除。利用长期借款基本模型，财务人员可以根据借款金额、借款年利率、借款年限、每年还款期数中任意一个或几个因素的变化，来分析每期偿还金额的变化，从而作出相应的决策。现介绍长期借款基本模型设计的操作步骤如下。

步骤 1：打开“长期借款数据表”工作簿，然后将 Sheetl 工作表重命名为“长期借款基本模型”，输入红日公司长期借款数据资料，在 A6:A11 单元格区域分别输入“还款期、期数、每期偿还金额（元）、本金、利息、本利和”，同时在 B6:G6 单元格区域分别输入“第 1 期、第 2 期、第 3 期、第 4 期、第 5 期、第 6 期”，在 B7:G7 单元格区域分别输入“1、2、3、4、5、6”，建立长期借款基本模型，如图 9-6 所示。

A6 还款期

	A	B	C	D	E	F	G
1	借款金额(元)	2000000					
2	借款年利率(%)	6%					
3	借款年限(年)	5					
4	每年还款期数(期)	2					
5	总还款期数(期)	10					
6	还款期	第1期	第2期	第3期	第4期	第5期	第6期
7	期数	1	2	3	4	5	6
8	每期偿还金额（元）						
9	本金						
10	利息						
11	本利和						

图 9-6 建立长期借款基本模型

步骤 2：输入每期偿还金额的计算公式，在 B8 单元格中输入“= ABS(PMT($B$2/$B$4,$B$5,$B$1))”，按回车键确认，便会自动显示第 1 期的偿还金额，输入本金的计算公式，在 B9 单元格中输入“= ABS(PPMT($B$2/$B$4,B7,$B$5,$B$1))”，按回车键确认，便会自动显示第 1 期的偿还金额中的本金数额，如图 9-7 所示。

IF =ABS(PPMT($B$2/$B$4,B7,$B$5, $B$1))

	A	B	C	D	E	F	G
1	借款金额(元)	2000000					
2	借款年利率(%)	6%					
3	借款年限(年)	5					
4	每年还款期数(期)	2					
5	总还款期数(期)	10					
6	还款期	第1期	第2期	第3期	第4期	第5期	第6期
7	期数	1	2	3	4	5	6
8	每期偿还金额（元）	234461.013					
9	本金	=ABS(PPMT($B$2/$B$4,B7,$B$5,$B$1))					
10	利息						
11	本利和						

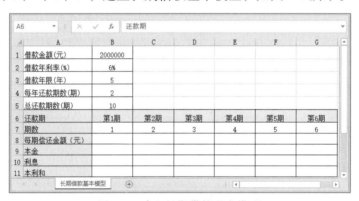

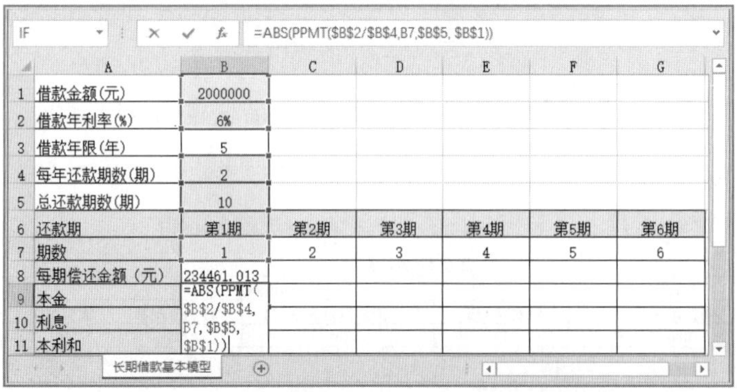

图 9-7 输入每期偿还金额及本金的计算公式

步骤 3：输入利息的计算公式，在 B10 单元格中输入“=ABS(IPMT($B$2/$B$4,B7,$B$5,$B$1))”，按回车键确认，便会自动显示第 1 期的偿还金额中的利息数额，本利和=本金+利息，输入本息和的计算公式，在 B11 单元格中输入“=SUM(B9:B10)”，如图 9-8 所示。

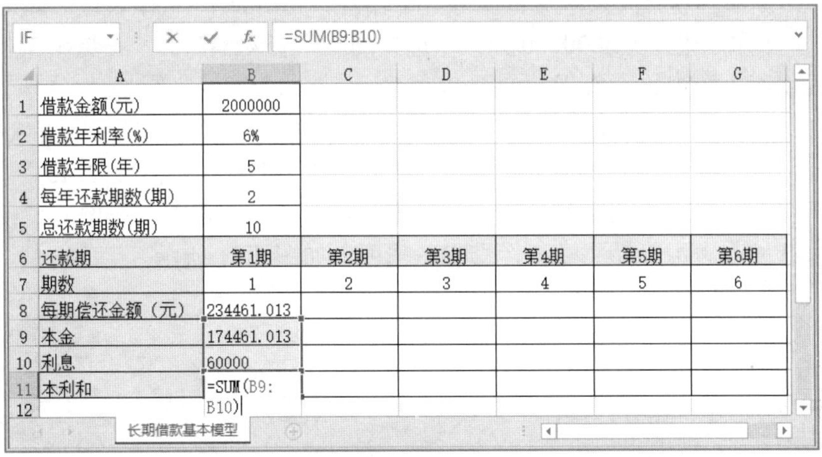
IF　=SUM(B9:B10)

	A	B	C	D	E	F	G
1	借款金额(元)	2000000					
2	借款年利率(%)	6%					
3	借款年限(年)	5					
4	每年还款期数(期)	2					
5	总还款期数(期)	10					
6	还款期	第1期	第2期	第3期	第4期	第5期	第6期
7	期数	1	2	3	4	5	6
8	每期偿还金额（元）	234461.013					
9	本金	174461.013					
10	利息	60000					
11	本利和	=SUM(B9:B10)					
12							

长期借款基本模型

图 9-8　输入利息及本息和的计算公式

步骤 4：选择 B8:B11 单元格区域，当鼠标放置 B11 单元格右下角出现+形状时，按住鼠标左键向右拖曳至 G11 单元格，将该区域单元格格式填充至整个区域，长期借款基本模型效果图便完成了，如图 9-9 所示。

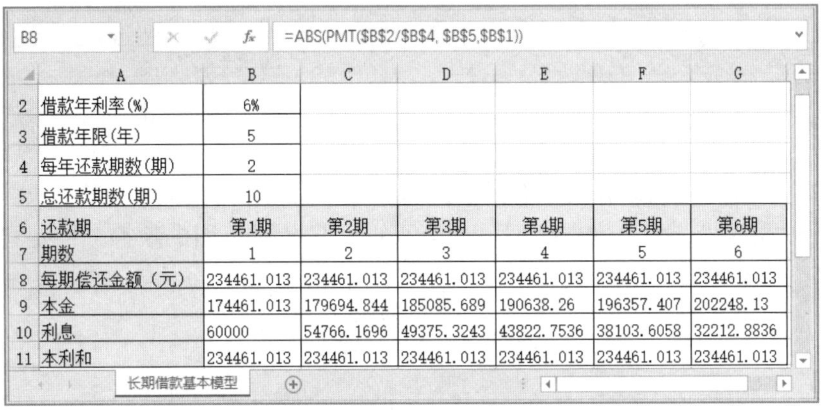
B8　=ABS(PMT($B$2/$B$4, $B$5,$B$1))

	A	B	C	D	E	F	G
2	借款年利率(%)	6%					
3	借款年限(年)	5					
4	每年还款期数(期)	2					
5	总还款期数(期)	10					
6	还款期	第1期	第2期	第3期	第4期	第5期	第6期
7	期数	1	2	3	4	5	6
8	每期偿还金额（元）	234461.013	234461.013	234461.013	234461.013	234461.013	234461.013
9	本金	174461.013	179694.844	185085.689	190638.26	196357.407	202248.13
10	利息	60000	54766.1696	49375.3243	43822.7536	38103.6058	32212.8836
11	本利和	234461.013	234461.013	234461.013	234461.013	234461.013	234461.013

长期借款基本模型

图 9-9　长期借款基本模型效果图

9.2.3　制作筹资单变量决策模型

配套资源
第 9 章\筹资决策单变量模型—原始文件
第 9 章\筹资决策单变量模型—最终效果

利用 Excel 2016 中模拟运算表的功能，可显示一个或多个公式中替换不同值时的结果。运算表可分为单变量模拟运算表和双变量模拟运算表。在单变量模拟运算表中，财务人员可以对一个变量输入不同的值，查看

它对一个或多个公式的影响；在双变量模拟运算表中，财务人员可以对两个变量输入不同的值，查看它们对一个公式的影响。单变量模拟运算表可以指定一个变量的值，输入公式后，系统会自动对不同变量值条件下的公式进行逐一运算，并将结果放在对应的单元格中，操作步骤如下。

步骤 1：打开“筹资决策单变量模型”工作簿，将 Sheet1 工作表重命名为“单变量模型”，红日公司需要贷款 2000000 元，可选择的利率有 4%~11%，需要在 5 年内还清该笔贷款，根据以上资料输入数据，如图 9-10 所示。

步骤 2：根据公式“每月偿金额 = PMT（借款年利率/每年还款期数，借款年限*每年还款期数，借款金额）”，在 D3 单元格中入公式“= PMT(C3/12,B3*12,A3)”，按回车键确认，选择 C3:D10 单元格区域，单击“数据”选项卡下“预测”组中的“模拟分析”按钮，在打开的列表中选择“模拟运算表”选项，如图 9-11 所示。

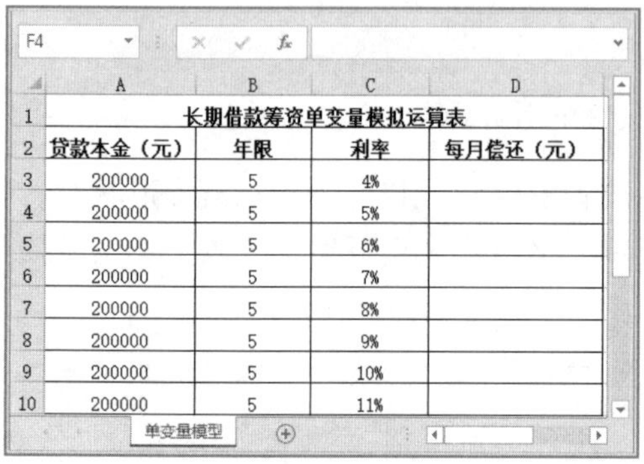

长期借款筹资单变量模拟运算表			
贷款本金（元）	年限	利率	每月偿还（元）
200000	5	4%	
200000	5	5%	
200000	5	6%	
200000	5	7%	
200000	5	8%	
200000	5	9%	
200000	5	10%	
200000	5	11%	

图 9-10　输入基本数据

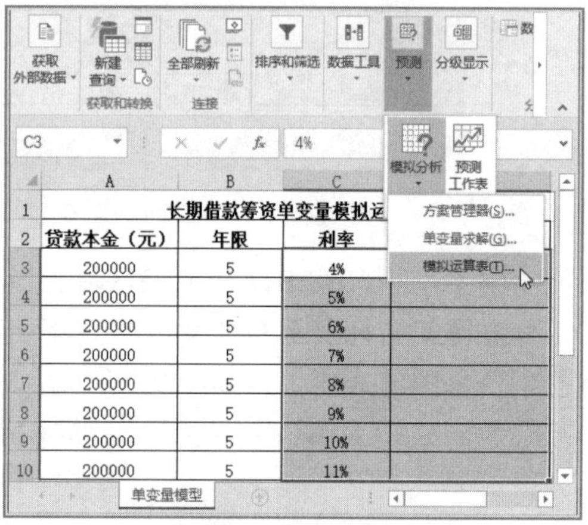

图 9-11　打开模拟运算表

步骤 3：打开“模拟运算表”对话框，然后在“输入引用列的单元格”文本框中输入列变量，即“$C$3”，单击确定按钮，便会得出红日公司长期借款筹资单变量模拟运算结果，如图 9-12 所示。

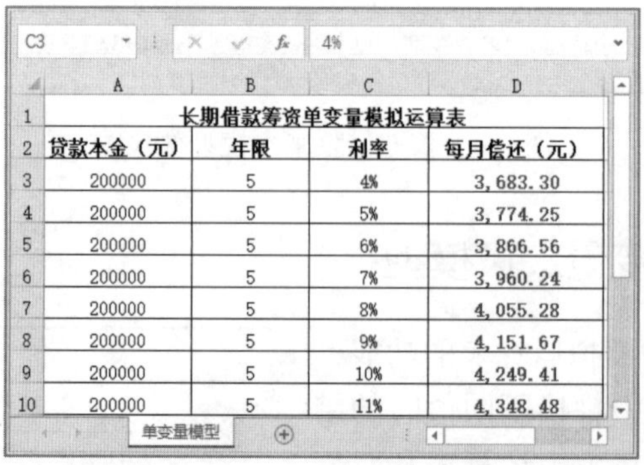

长期借款筹资单变量模拟运算表			
贷款本金（元）	年限	利率	每月偿还（元）
200000	5	4%	3,683.30
200000	5	5%	3,774.25
200000	5	6%	3,866.56
200000	5	7%	3,960.24
200000	5	8%	4,055.28
200000	5	9%	4,151.67
200000	5	10%	4,249.41
200000	5	11%	4,348.48

图 9-12　单变量模型效果图

9.3 资本结构分析

9.3.1 建立资本成本分析表

资本是企业在从事生产经营活动时必不可缺的一部分，但使用资金的同时也会伴随利息的产生。因此，企业除了要节约资金，还需要分析资金的使用代价，即分析资本成本。资本成本是指企业为筹集和使用资金而付出的代价。资本成本包括资金筹集费用和资金占用费用两部分。资金筹集费用是指在资金筹集过程中所支付的各种费用，如发行股票或债券时支的印刷费、律师费、公证费、担保费及广告宣传费。需要注意的是，企业在发行股票和债券时付给发行公司的手续费不能作为资金筹集费用，因为此手续费并未通过账务处理，企业是按发行价格扣除发行手续费后的净额入账的。资金占用费是指占用他人资金时应支付的费用，或是资金所有者凭借其对资金的所有权向资金使用者索取的报酬，如股东的股息、红利、债券及银行借款的利息。

配套资源
第 9 章\资本成本数据表—原始文件
第 9 章\资本成本分析表—最终效果

步骤 1：打开"资本成本数据表"工作簿，选中 B6、B12、B18、B24、C21、C22、C23 单元格，单击鼠标右键，在弹出的下拉列表中选择"设置单元格格式"，将单元格格式设置"数字"选项中的"百分比"，并设置小数位数为"2"，如图 9-13 所示。

步骤 2：计算长期借款资本成本，在 B6 单元格输入公式"= B3*(1 − B4)/(1 − B5)"，然后按回车键确认；计算债券资本成本，在 B12 单元格输入公式"= B9*(1 − B10)/(1 − B11)"，然后按回车键确认；计算普通股资本成本，在 B18 单元格输入公式"= B14/(1 − B16) + B17"，然后按回车键确认，如图 9-14 所示。

图 9-13　设置小数位数　　　　　　图 9-14　输入资本成本计算公式

步骤 3：输入资本金额数据引用公式，在 B21 单元格输入"= B2"，在 B22 单元格输入"= B8"，在 B23 单元格输入"= B15"，最后按回车键确认；在 C21 单元格输入"= B6"，在 C22 单元格输入"＝B12",在 C23 单元格输入"＝B18",最后按回车键确认;选择 B24 单元格,输入公式"＝SUMPRODUCT (B21:B23,C21:C23)/SUM(B21:B23)",按回车键确认,资本成本分析表效果图如图 9-15 所示。

图 9-15 资本成本分析表效果图

9.3.2 制作最优资本结构分析表

资本结构是指企业各种资本的组成结构和比例关系,实质是企业负债和所有者权益之间的比例关系,它是企业筹资的核心问题。最优资本结构资本成本也被称为机会成本,它不是实际支付的成本,而是将资本用于本项目投资所失去的用于其他投资机会的收益。一般而言,资本成本是企业选择筹集资金来源、确定筹资方案的依据,也是评价投资项目、决定投资取舍的标准。红日公司欲筹资 1000 万元,有 3 种方案可供选择,现要求计算 3 种方案的资本成本,选择最佳筹资方案,步骤如下。

配套资源
第 9 章\最优成本结构模型—原始文件
第 9 章\最优成本结构分析—最终效果

步骤 1:打开"最优成本结构模型"工作簿,并将 sheet1 重新命名为"最优资本结构",计算 A 方案综合资本成本,选择 C9 单元格,输入公式"＝SUMPRODUCT(B4:B7, C4:C7)/B8",然后按回车键确认,如图 9-16 所示。

步骤 2:计算 B 方案综合资本成本,选择 D9 单元格,输入公式"＝SUMPRODUCT (D4:D7,E4:E7)/D8",然后按回车键确认;计算 C 方案综合资本成本,选择 F9 单元格,输入公式"＝SUMPRODUCT(F4:F7,G4:G7)/F8",然后按回车键确认,如图 9-17 所示。

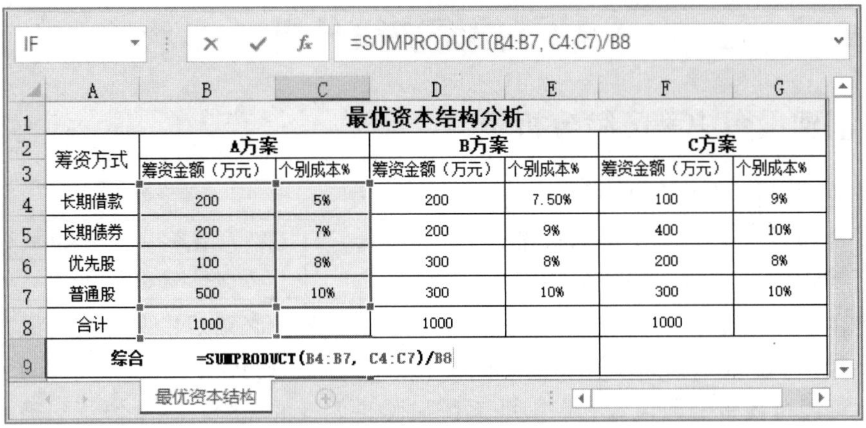

图 9-16 输入 A 方案综合资本成本公式

图 9-17 输入 B、C 方案综合资本成本公式

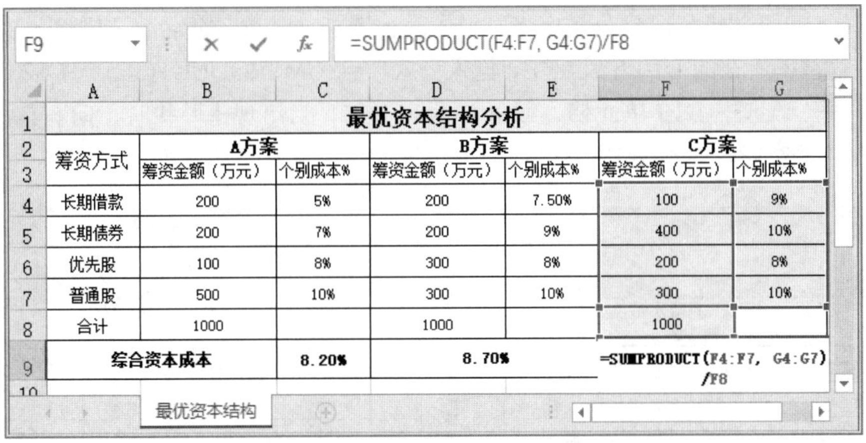

步骤 3：至此，最优资本结构分析表完成了，如图 9-18 所示。

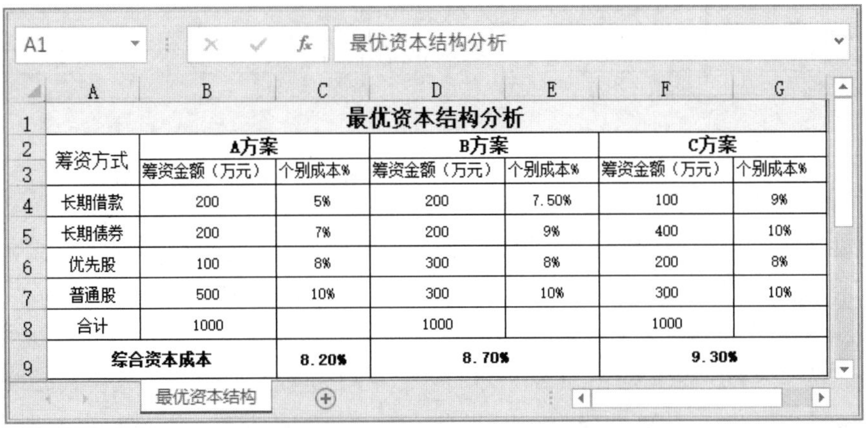

图 9-18 最优资本结构分析效果图

9.4 投资决策分析

9.4.1 创建投资决策风险分析表

在企业项目投资决策过程中，一般假设项目的现金流量、市场利率等指标都是确定的，然而，现实情况中，企业的项目投资决策大多是在不确定的条件下进行的，即存在一定的风险，必须对投资决策的风险收益进行正确评价，才能区别不同投资决策的优劣。投资风险主要包括系统风险和非系统风险，系统风险可通过投资分散风险，一般非系统风险是偶发的风险，无法控制。因此，在风险投资决策中，一般只关心系统风险。现红日公司有 A 和 B 两个投资方案，现风险分析步骤如下。

配套资源
第 9 章\投资风险分析模型—原始文件
第 9 章\投资决策风险分析—最终效果

步骤 1：打开"投资风险分析模型"工作表，将 sheet1 重新命名为"风险分析"，在 A 方案期望收益率所在的 D10 单元格中，输入公式"= SUMPRODUCT($C$5:$C$7,D5:D7)"，按回车键确认，选中 D10 单元格，鼠标移至右下角，当出现 ✚ 形状时，向右拖曳至 E10 单元格，填充公式，如图 9-19 所示。

图 9-19 填充公式

步骤 2：计算预期风险收益率，根据"预期风险收益率＝期望收益率－无风险收益率"公式计算，在 A 方案的预期风险收益率所在的 D12 单元格中，输入公式为"= D10 - $D$11"，并按回车键确认；计算期望收益方差，A 方案的期望收益率方差所在的 D13 单元格的公式为"= DEVSQ($C$5:$C$7*D5:D7)"，由于是数组函数，输入公式后按"Ctrl + Shift + Enter"组合键；计算期望收益标准差，在 A 方案的期望收益率标准差所在的 D14

单元格中，输入公式"= SQRT(D13)"，并按回车键确认，如图 9-20 所示。

步骤 3：计算期望收益标准离差率，在 A 方案的标准离差率所在的 D15 单元格中，输入公式"= D14/D10"，并按回车键确认；计算应得风险收益率在，在 A 方案的应得风险收益率所在的 D17 单元格中，输入公式"= D15*$D$16"，并按回车键确认；选中 D12：D15 单元格区域，鼠标移动至 D15 单元格区域的右下角，当出现╋形状的图标时，按住鼠标左键向右拖曳至单元格 E15，用同样的方法，完成 E17 单元格的公式填充，至此，投资决策风险分析表便完成了，如图 9-21 所示。

图 9-20　输入计算公式　　　　　　图 9-21　投资决策风险分析效果图

9.4.2　设计投资决策对比分析模型

企业投资决策是以企业战略为目标，在市场调研、企业内部环境分析的基础上，运用一定的投资管理理论、方法和工具，充分

配套资源
第 9 章\投资决策对比模型—原始文件
第 9 章\投资决策对比分析—最终效果

考虑，采用一定的程序对投资的必要性、可行性、风险性进行分析，对投资规模、投资方向、投资结构、投资成本与投资收益等关键问题进行分析、判断并进行方案选择的过程。投资决策方法主要分为不考虑资金时间价值与考虑资金时间价值的两类方法。其中，不考虑资金时间价值的投资决策评价方法主要有投资回收期法、会计报酬率法等，一般作为辅助方法使用；考虑资金时间价值的投资决策评价方法主要包括净现值法、现值指数法、内含报酬率法等，现利用以上几种方法对红日公司 3 个投资方案进行对比分析，步骤如下。

步骤 1：将决策方法所在的 B7 单元格设置为下拉列表框的形式，首先，选择 B7 单元格后单击"数据"选项卡，在"数据工具"组中单击"数据验证"命令的下拉按钮，选择"数据验证"，在弹出的"数据验证"对话框中，在"设置"选项卡中，将验证允许

条件设置为"序列",在"来源"文本框中导入 Excel 工作表"$H$3:$K$3"单元格区域的值,最后单击"确定"按钮,如图 9-22 所示。

图 9-22　设置下拉列表框

步骤 2:计算各项目的净现值,在 H4 单元格输入公式"= NPV(B4,C4:G4)",计算出项目 1 的净现值,然后按回车键确认;计算项目的内含报酬率,在 I4 单元格输入公式"= IRR(C4:G4,B4)",计算出项目 1 的内含报酬率,然后按回车键确认;计算各项目的现值指数,在 J4 单元格输入公式"= NPV(B4,D4:G4)/ - C4"(由于初始投资额设置为负数,故此公式中分母用"- C4"来表达),计算出项目 1 的现值指数,然后按回车键确认,计算各项目的投资回收期,在单元格 K4 输入公式"= IF(SUM(C4:D4)>0, - C4/D4,IF(SUM(C4:E4),1 - SUM(C4:D4)/E4,IF(SUM(C4:F4)>0,2 - SUM(C4:E4)/F4,3 - SUM(C4:F4)/G4)))",计算出项目 1 的投资回收期,然后按回车键确认,如图 9-23 所示。

	A	B	C	D	E	F	G	H	I	J	K
1				项目投资决策分析模型							
2	投资方案	资本成本	年初投资	各年净收益				决策评价方法			
3				第一年	第二年	第三年	第四年	净现值	内含报酬率	现值指数	回收期
4	项目1	5%	-70000	25000	20000	25000	20000	9,524	11.1%	1.14	3.25
5	项目2	5%	-90000	30000	35000	40000	30000				
6	项目3	5%	-100000	50000	50000	35000	0				
7	决策方法			决策结果							

图 9-23　输入计算公式

步骤 3：选中 H4:K4 单元格区域，将鼠标放置 K4 单元格右下角，当出现 ╋ 形状时，按住鼠标左键向下拖曳至 K6 单元格，完成公式填充；判断选择决策结果，在"决策方法"的下拉菜单中选择"净现值"，然后在单元格 F7 中输入公式"="建议您选择"&IF(MATCH(B7,H3:K3,0)<=3,INDEX(A4:A6, MATCH(MAX(OFFSET(H4:H6,0,MATCH(B7,H3:K3,0)−1,3,1)),OFFSET(H4:H6,0,MATCH(B7,H3:K3,0)−1,3,1),0)),INDEX(A4:A6, MATCH (MIN(OFFSET(H4:H6,0,MATCH(B7,H3:K3,0)−1,3,1)),OFFSET(H4:H6,0,MATCH(B7,H3:K3,0)−1,3,1),0)))"，计算出不同决策方法下的决策结果，然后按回车键确认，如图 9-24 所示。

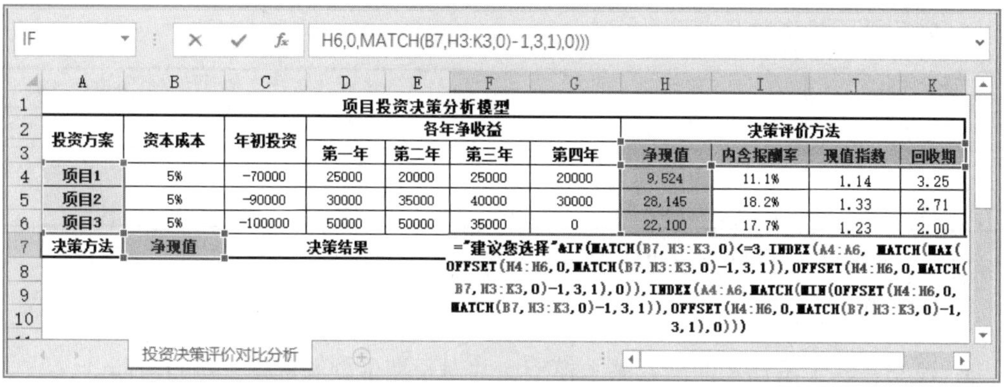

图 9-24 输入决策结果公式

步骤 4：在决策方法的下拉菜单中，选择不同的决策方法便会自动显示对应的决策结果，如图 9-25 所示。

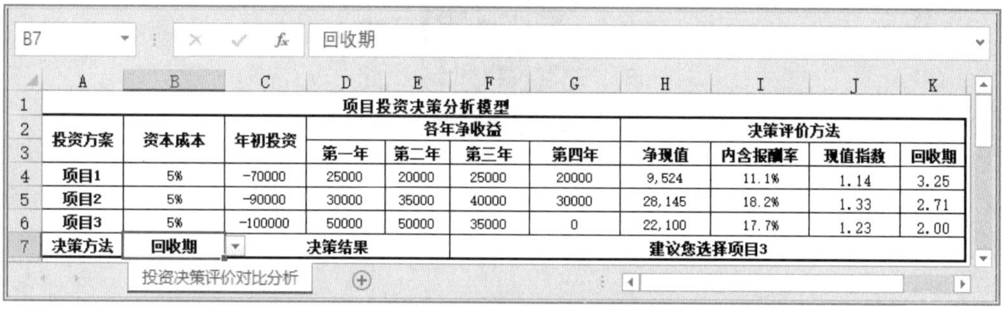

图 9-25 投资决策分析效果图

拓展实训

一、实训目的

1. 学会使用 Excel 设计筹资与投资管理系统。
2. 利用 Excel 2016 的函数和公式对宏阳公司筹资与投资业务进行管理。

二、实训资料

1. 宏阳公司长期借款数据表。

借款金额(元)	5000000
借款年利率(%)	6%
借款年限(年)	3
每年还款期数(期)	2
总还款期数(期)	6

要求：根据以上数据，设计长期借款基本模型，并对长期借款筹资模式进行分析。

2. 宏阳公司投资决策已知数据表。

经济情况	概率	A方案收益率	B方案收益率
繁荣	0.3	25%	15%
一般	0.4	15%	25%
较差	0.3	10%	15%

要求：根据上述资料，完成投资决策风险分析。

三、实训要求

1. 根据资料1设计长期借款基本模型，并对长期借款筹资模式进行分析。
2. 根据资料2完成投资决策风险分析。

即测即练

自学自测　扫描此码

第 10 章

Excel 在进销存核算管理中的应用

学习目标

知识目标：

1. 了解本量利分析的数学模型；
2. 掌握本量利分析的计算公式；
3. 学会制作本量利基本分析表及动态分析表。

能力目标：

1. 掌握本量利基本分析模型的创建方法；
2. 掌握销利润数据表的编制方法，能够对利润数据进行分析；
3. 掌握盈亏平衡数据表的制作方法。

学习重难点：

1. 掌握滚动条窗体控件的应用方法；
2. 掌握散点图的绘制方法；
3. 掌握保本点的核算方法。

工作情境与分析

小张把 Excel 2016 运用到财务会计和财务管理工作中后，取得了很好的效果。随着企业的发展，领导认识到管理会计对公司盈利的重要性，要求财务部不仅要懂核算，还要会管理，要加强管理会计的学习并尽快应用到工作中。小张接受了这项任务，开始学习本量利分析知识，整理销售数据，为进行本量利分析做好准备。根据企业管理者的需求，红日公司用 Excel 2016 进行本量利分析时需要完成以下两项任务：认识本量利分析→创建本量利分析模型。

10.1 基础知识储备

10.1.1 认识本量利分析

本量利分析是对"成本-业务量-利润分析"三者关系的简称，是指在成本分析的基础上，通过对本、量、利三者关系的分析，建立定量化分析模型，进而揭示变动成本、固定成本、产销量、销售单价和利润等变量之间的内在规律，为企业利润预测和规划、决策和控制提供信息的一种定量分析方法。本量利分析又称保本点分析或盈亏平衡分析，是根据对产品的业务量（产量或销量）、成本、利润之间相互制约关系的综合分析，以预测利润、控制成本、判断经营状况的一种数学分析方法。

本量利分析是管理会计的基本方法之一，在规划企业经济活动、正确进行经营决策和成本控制等方面具有广泛的应用，主要表现在以下4个方面。

（1）进行保本分析。将本量利分析和预测技术结合起来，可以进行保本预测，确定保本销量和保本销售额，进而预测利润，编制利润计划。

（2）进行目标控制。将本量利分析用于目标控制，可以确定实现目标利润所需要控制的目标销售量、目标销售额及目标成本水平，从而有效地进行目标管理。

（3）进行风险分析。将本量利分析和风险分析结合起来，可以分析企业的经营安全性指标，确定企业经营的安全状况，还可以促使企业重视经营杠杆的作用，努力降低风险。

（4）进行生产决策。本量利分析可以帮助企业进行生产工艺选择的决策、产品品种和生产数量的决策、产品竞争决策及定价决策等。

本量利分析除了上述作用，还为标准成本制度和责任会计的应用等提供了理论准备。

10.1.2 本量利基本假设

本量利分析是管理会计的重点，是企业在预测、决策、规划和控制工作中常用且有效的方法之一。若要对红日公司进行本量利分析，首先要了解本量利分析涉及的基本假设及计算公式。

1. 相关范围的假设

相关范围的假设包含两层含义。一是期间假设，无论是固定成本还是变动成本，其固定性和变动性均表现在特定的期间内，其金额的大小是在特定的期间内计量得到的。随着时间的推移，固定成本总额及其内容会发生变化，变动成本数额及其内容也会发生变化。二是业务量假设，固定成本和变动成本是在一定业务量范围内分析计量的结果，当业务量发生较大变化时，即使成本的性态不发生变化（也有可能发生变化），也需要重新计量。

2. 模型线性假设

模型线性假设包含了3层含义。一是固定成本不变假设，即在企业经营能力一定的前提下，固定成本是固定不变的，表现在平面直角坐标系中，就是一条与横轴平行的直线。二是变动成本与业务量呈完全线性关系的假设，表现在平面直角坐标系中，就是一条过原点的直线，该直线的斜率就是单位变动成本。三是销售收入与销售数量呈完全线性关系的假设，表现在平面直角坐标系中，也是一条通过原点的直线，但该直线的斜率是销售单价。

3．产销平衡假设

如果企业只生产一种产品，则假定生产出来的产品是可以实现销售、达到产销平衡的。

4．品种结构不变假设

品种结构不变是指各种产品的销售额占全部销售额的比重不变。如果企业生产多种产品，获利能力一般各不相同，若企业产销的品种结构发生较大的变动，则势必会导致预计利润与实际利润发生差异，因此必须假设品种的结构保持不变。

5．利润假设

除有特别说明外，本量利分析中的"利润"一般假设为不考虑投资收益和营业外收支的"营业利润"设营业外收支均为零时的利润总额。

10.1.3 本量利分析数学模型

本量利分析的目标是利润，计算利润的基本公式是本量利分析的基本数学模型。

一般来说，企业收入＝成本＋利润。如果利润为零，则"企业收入成本＝固定成本＋变动成本"而"收入＝销售量*单价""变动成本＝单位变动成本*销售量"，可以由"销售量*单价＝固定成本＋单位变动成本*销售量"推导出如下盈亏平衡点的计算公式。

盈亏平衡点（销售量）＝固定成本÷每计量单位的贡献差数

分析数学模型如下。

$$I = S - (VC*Q + F) = P*Q - (VC*Q + F) = (P - VC)Q - F$$

上式中，I 为销售利润；P 为产品销售单价；F 为固定成本总额；VC 为单位变动成本；Q 为销售量；S 为销售收入。

总成本的计算公式如下。

$$C = F + VC*Q$$

总收入的计算公式如下。

$$S = P*Q$$

盈亏平衡方程的计算公式如下。

$$C = S$$
$$P*Q = F + VC*Q$$

盈亏平衡点的计算公式如下。

$$Q = F/(P - VC)$$

10.2 本量利基本分析表

10.2.1 创建本量利分析模型

本量利分析是管理会计的基本方法之一，在规划企业经济活动、正确进行经营决策和成本制等方面具有广泛的应用，将本量利分析和预测技术结合起来，可以进行保本预测；将本量利分析用于目标控制，可以确定实现目标利润所需要控制的目标销售量、目标销售额及目标成本水平，从而有效地进行目标管理；将本量利分析和风险分析结合起来，可以分析企业的经营安全性指标。根据企业管理者的需求，红日公司运用 Excel 2016 进行本量利分析时需要完成创建本量利分析模型的任务，现介绍创建本量利分析模型步骤如下。

配套资源
第 10 章\本量利分析基本模型—原始文件
第 10 章\本量利基本分析表—最终效果

步骤 1：打开"本量利分析基本模型"工作簿，在 B1 单元格中输入"红日公司"，并将 sheet1 工作表重命名为"本量利分析"，产品销售量为 8000 件，固定成本为 600000 元，单位变动成本为 450 元，销售单价是 800 元，以上数据填至"本量利分析模型"工作表中，如图 10-1 所示。

步骤 2：计算销售总额，选择 C8 单元格，输入公式"= C4*C7"，然后按回车键确认；计算成本总额，选择 C9 单元格，输入公式"= C5 + C4*C6"，然后按回车键确认；计算利润总额，择 C10 单元格，输入公式"= C8 – C9"，然后按回车键确认；计算保本点，选择 C12 单元格，输入公式"= INT(C5/(C7 – C6))"，然后按回车键确认，如图 10-2 所示。

步骤 3：在 B14 单元格中输入函数公式"= IF(C10>0,"利润总额"&ROUND(C10,0),"亏损额"& – ROUND(C10,0))"，至此，本量利分析模型便完成了，如图 10-3 所示。

图 10-1 输入期初数据　　图 10-2 输入计算公式　　图 10-3 本量利基本分析表

10.2.2 制作本量利数据表

本量利就是对成本、销量和利润的分析。成本、销量和利润三者之间的变化关系是决定企业是否盈利的关键，本量利分析是定量

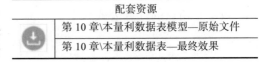

配套资源
第 10 章\本量利数据表模型—原始文件
第 10 章\本量利数据表—最终效果

分析出企业成本、销量和利润三者之间的变化关系。为找到盈亏平衡点奠定基础。盈亏平衡点指标是企业盈亏分界线，它也是由本量利分析引出。现对本量利数据表的创建步骤介绍如下。

步骤 1：打开“本量利数据表模型”工作簿，将 sheet1 工作表重命名为“本量利分析”，并在 B3:B18 单元格区域设置单元格格式为“数字”，小数位数为“0”，同时勾选“使用千位分隔符”复选框，单击确定按钮，然后在 C28 单元格中输入“800000”，在 H26 单元格中输入“80”，在 K26 单元格中输入“60”，如图 10-4 所示。

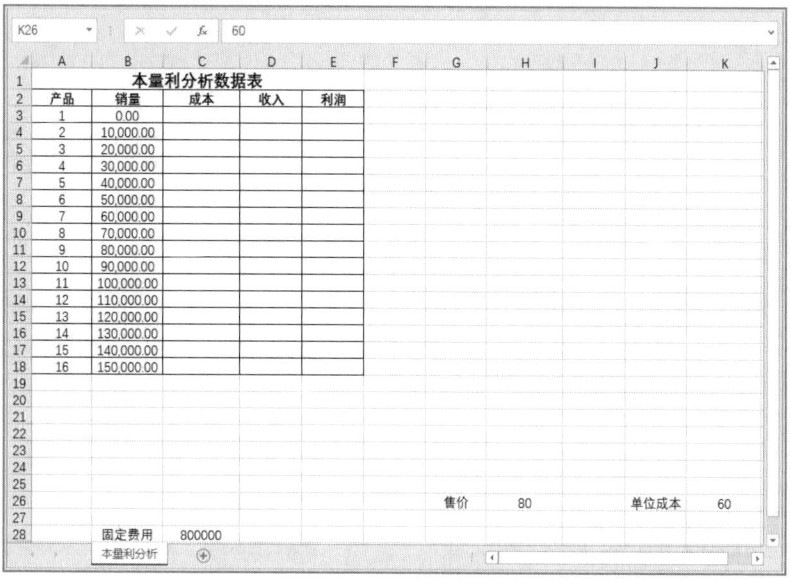

本量利分析数据表

产品	销量	成本	收入	利润
1	0.00			
2	10,000.00			
3	20,000.00			
4	30,000.00			
5	40,000.00			
6	50,000.00			
7	60,000.00			
8	70,000.00			
9	80,000.00			
10	90,000.00			
11	100,000.00			
12	110,000.00			
13	120,000.00			
14	130,000.00			
15	140,000.00			
16	150,000.00			

图 10-4　输入基础数据

步骤 2：选中 B2 单元格，按“Ctrl+1”组合键，弹出“设置单元格格式”对话框，单击“数字”选项卡，然后在“分类”列表框中选择“自定义”选项，在右侧的“类型”文本框中输入“@"(KG)"”，最后单击“确定”按钮；选中 C2:E2 单元格区域，按“Ctrl+1”组合键，弹出“设置单元格格式”对话框，单击“数字”选项卡，然后在“分类”列表框中选择“自定义”选项，在右侧的“类型”文本框中输入“@"（万元）"”，最后单击“确定”按钮；选中 C28 单元格，按“Ctrl+1”组合键，弹出“设置单元格格式”对话框，切换到“数字”选项卡，在“分类”列表框中选择“自定义”选项，在右侧的“类型”文本框中输入“#,##0"元"”，单击“确定”按钮，最后采用类似上述步骤的方法，按住“Ctrl+1”键，同时选中 H26 和 K26 单元格，设置自定义格式为“0"（元/公斤）"”，最后按确认键；如图 10-5 所示。

步骤 3：选中 C3 单元格，输入公式“=($K$26*B3+$C$28)/10000”，然后按回车键确认；选中 D3 单元格，输入公式“=($H$26*B3)/10000”，然后按回车键确认；选中 E3 单元格，输入公式“=D3−C3”，然后按回车键确认；选中 C3:E3 单元格区域，将鼠标指针放在 E3 单元格右下角，待鼠标指针变成✚形状后双击，即可在 C4:E18 单元格区域中快速复制填充公式，如图 10-6 所示。

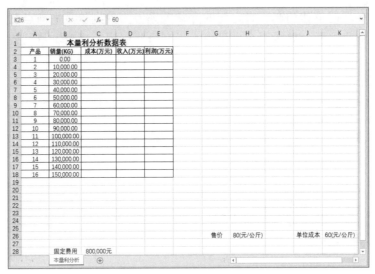

图 10-5 设置自定义格式

步骤 4：选中 C3:E18 单元格区域，按"Ctrl+1"组合键，弹出"设置单元格格式"对话框，切换到"数字"选项卡，然后在"分类"列表框中选择"自定义"选项，在右侧的"类型"文本框中输入"#,##0.00"，最后按"确认"键，本量利数据表效果图如图 10-7 所示。

图 10-6 输入计算公式并填充　　　　图 10-7 本量利数据表效果图

10.2.3 建立盈亏平衡分析表

盈亏平衡分析又称保本点分析或本量利分析法，是根据产品的业务量（产量或销量）、成本、利润之间的相互制约关系的综合分析，

配套资源
第 10 章\本量利数据表—原始文件
第 10 章\盈亏平衡分析表—最终效果

用来预测利润、控制成本、判断经营状况的一种数学分析方法。各种不确定因素（如投资、成本、销售量、产品价格、项目寿命期等）的变化会影响投资方案的经济效果，当

这些因素的变化达到某一临界值时，就会影响方案的取舍。盈亏平衡分析的目的就是找出这种临界值，即盈亏平衡点，为决策提供依据。现介绍创建盈亏平衡分析表的操作步骤如下。

步骤1：选中C20:D20单元格区域，设置"合并后居中"，输入标题"盈亏平衡线辅助数据"；选中C22单元格，输入盈亏平衡量计算公式"=ROUND(C28/(H26−K26),2)"，然后按回车键确认；选中 C23:C25 单元格区域，在公式栏输入公式"=C22"，然后按"Ctrl+Enter"组合键即可在选中的单元格区域中同时输入数值，如图10-8所示。

步骤2：在D22单元格中输入"2000"，然后选中D23单元格，输入公式"=(C23*H26)/10000"，最后按回车键确认；在D24单元格中输入"0"，在D25单元格中输入"−100"；选中B30单元格，输入"盈亏平衡量"，然后选中C30单元格，输入公式"=C23"，最后按回车键确认；选中 B31 单元格，输入"盈亏平衡收入"，然后选中C31单元格，输入公式"=D23"，最后按回车键确认，如图10-9所示。

图10-8　输入盈亏平衡线辅助数据 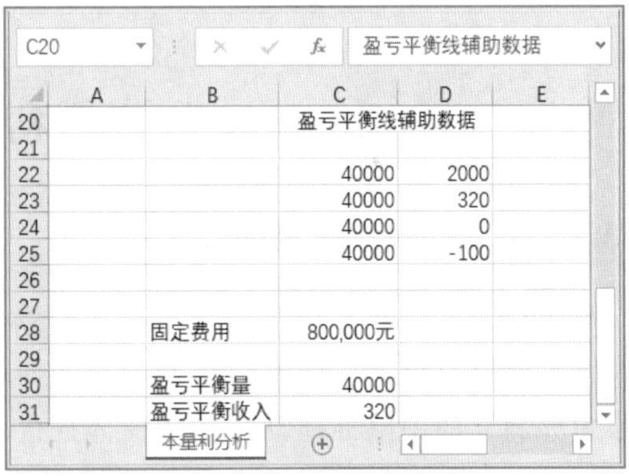　　　图10-9　输入盈亏平衡量及收入

步骤3：选中 E3 单元格，按"Ctrl+C"组合键复制，再选中 C22:C25 单元格区域，使用鼠标右键单击，在弹出的快捷菜单中选择"粘贴选项"下方的"格式"按钮，此时，C22:C25 单元格区域就复制了 E3 单元格区域的格式；选中 C30 单元格，按"Ctrl+1"组合键，弹出"设置单元格格式"对话框，切换到"数字"选项卡，然后在"分类"列表框中选择"自定义"选项，在右侧的"类型"文本框中输入"#,##0"KG""，最后单击"确定"按钮；选中 C31 单元格，按"Ctrl+1"组合键，弹出"设置单元格格式"对话框，切换到"数字"选项卡，然后在"分类"列表框中选择"自定义"选项，在右侧的"类型"文本框中输入"#,##0.00"万元""，最后按回车键确认；至此，盈亏平衡分析表就完成了，如图10-10所示。

图 10-10　盈亏平衡分析表效果图

10.3　本量利动态分析表

10.3.1　创建滚动条窗体

在编制图表或者绘制图形时，添加滚动条窗体控件可以更加方便地分析数据变化对图形的影响，使用鼠标拖动滚动条窗体控件

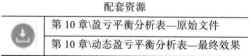

比改变单元格中的数值要容易一些。滚动条窗体控件可以添加到工作表或者图表中。在添加了滚动条的图表中，随着图表的移动，滚动条也随着移动，下面介绍创建滚动条窗体的步骤。

步骤 1：打开"盈亏平衡分析表"工作表，单击"文件"选项卡，打开下拉菜单后，单击"选项"命令，弹出"Excel 选项"对话框，然后单击"自定义功能区"选项卡，在最右侧"自定义功能区"下方保留"主选项卡"选项，在下方列表框中勾选"开发工具"复选框，最后单击"确定"按钮；单击"开发工具"选项卡，在"控件"命令组中单击"插入"按钮，并在打开的下拉菜单中选择"表单控件"中的"滚动条（窗体控件）"命令图标；此时鼠标指针变成+形状，在工作表的 G28:H29 单元格区域，绘制出第 1 个滚动条，然后重复操作，在 J28:K29 单元格区域，绘制出第 2 个滚动条，如图 10-11 所示。

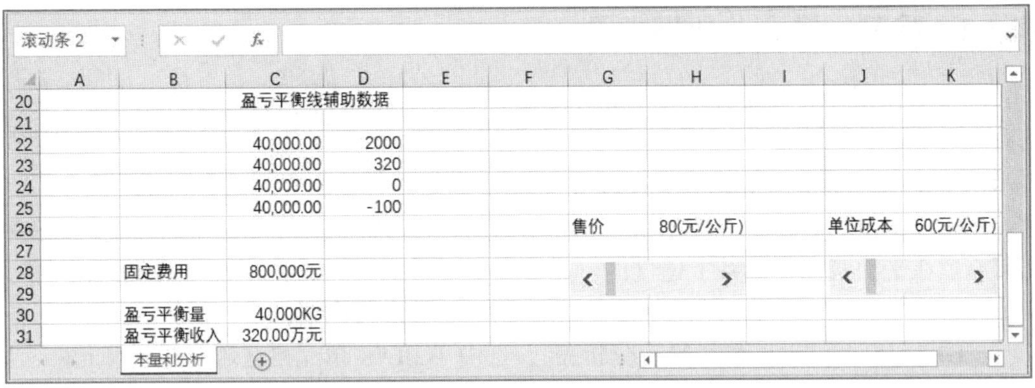

	A	B	C	D	E	F	G	H	I	J	K
20			盈亏平衡线辅助数据								
21											
22			40,000.00	2000							
23			40,000.00	320							
24			40,000.00	0							
25			40,000.00	-100							
26							售价	80(元/公斤)		单位成本	60(元/公斤)
27											
28		固定费用	800,000元								
29											
30		盈亏平衡量	40,000KG								
31		盈亏平衡收入	320.00万元								

图 10-11　绘制滚动条

步骤 2：选中第 1 个滚动条，在“开发工具”选项卡的“控件”命令组中单击“属性”按钮，弹出“设置控件格式”对话框，单击“控制”选项卡，在“最小值”和“最大值”文本框中分别输入“70”和“120”，然后单击“单元格链接”右侧的按钮，在弹出的区域选择框中选中 H26 单元格，最后单击“确定”按钮，完成第 1 个滚动条格式的设定；使用鼠标右键单击第 2 个滚动条，在弹出的快捷菜单中选择“设置控件格式”命令，在弹出的“设置对象格式”对话框中，单击“控制”选项卡，在“最小值”和“最大值”微调框中分别设置值为“40”和“60”，然后单击“单元格链接”右侧的按钮，在弹出的区域选择框中选中 K26 单元格，最后单击“确定”按钮，完成第 2 个滚动条格式的设定；至此，动态盈亏平衡分析表便完成了，如图 10-12 所示。

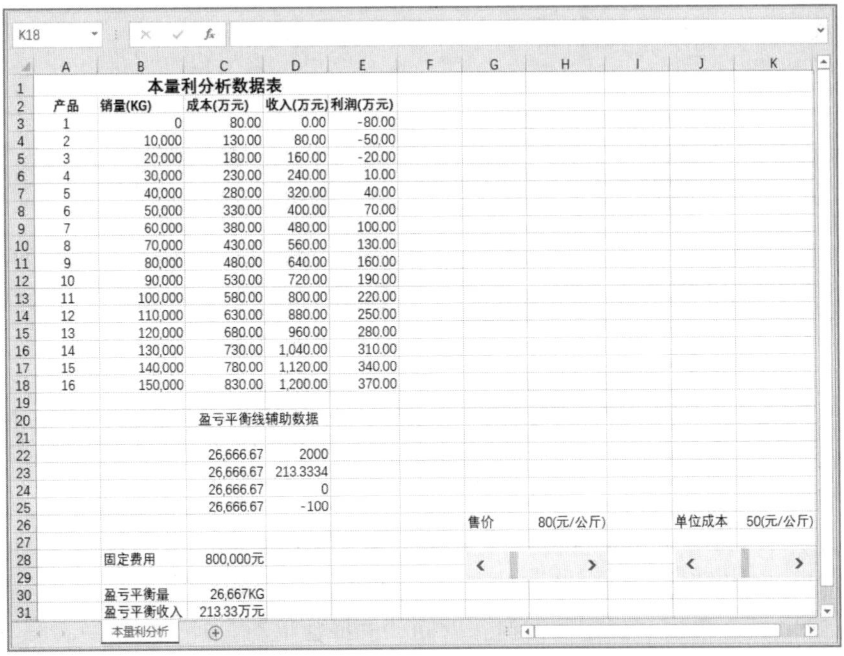

	A	B	C	D	E	F	G	H	I	J	K
1	本量利分析数据表										
2	产品	销量(KG)	成本(万元)	收入(万元)	利润(万元)						
3	1	0	80.00	0.00	-80.00						
4	2	10,000	130.00	80.00	-50.00						
5	3	20,000	180.00	160.00	-20.00						
6	4	30,000	230.00	240.00	10.00						
7	5	40,000	280.00	320.00	40.00						
8	6	50,000	330.00	400.00	70.00						
9	7	60,000	380.00	480.00	100.00						
10	8	70,000	430.00	560.00	130.00						
11	9	80,000	480.00	640.00	160.00						
12	10	90,000	530.00	720.00	190.00						
13	11	100,000	580.00	800.00	220.00						
14	12	110,000	630.00	880.00	250.00						
15	13	120,000	680.00	960.00	280.00						
16	14	130,000	730.00	1,040.00	310.00						
17	15	140,000	780.00	1,120.00	340.00						
18	16	150,000	830.00	1,200.00	370.00						
19											
20			盈亏平衡线辅助数据								
21											
22			26,666.67	2000							
23			26,666.67	213.3334							
24			26,666.67	0							
25			26,666.67	-100							
26							售价	80(元/公斤)		单位成本	50(元/公斤)
27											
28		固定费用	800,000元								
29											
30		盈亏平衡量	26,667KG								
31		盈亏平衡收入	213.33万元								

图 10-12　动态盈亏平衡分析表效果图

10.3.2 绘制本量利分析散点图

散点图是指在数理统计回归分析中，数据点在直角坐标系平面上的分布图，散点图表示因变量随自变量而变化的大致趋势。将

配套资源
第 10 章\动态盈亏平衡分析表—原始文件
第 10 章\本量利分析图—最终效果

散点图用在本量利分析中，数据用图表展示出来，比较直观。本量利散点图是利用解析几何原理在平面直角坐标系上建立的，能够全面反映销量、成本、收入和利润等因素之间依存关系的图像。下面对本量利散点图的创建步骤进行介绍。

步骤 1：打开"动态盈亏平衡分析表"，选中 B2:E18 单元格区域中任意单元格，如 C5 单元格，切换到"插入"选项卡，单击"图表"命令组中的"插入散点图（X、Y）或气泡图"按钮，在打开的下拉菜单中选择"散点图"栏下的"带平滑线和数据标记的散点图"样式，在图表空白位置按住鼠标左键，将其拖曳至工作表合适位置，将光标指针移至图表的右下角，拖曳光标调整至合适大小时释放，如图 10-13 所示。

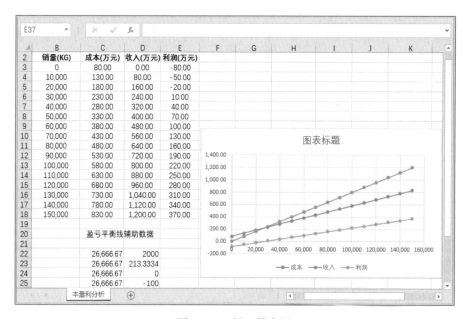

图 10-13　插入散点图

步骤 2：单击图表，选择"图表工具—设计"选项卡，在"数据"命令组中单击"选择数据"按钮，在弹出的"选择数据源"对话框中，在"图例项（系列）"下单击"添加"，弹出"编辑数据系列"对话框，在"系列名称"输入框中输入"盈亏平衡线"，然后单击"X 轴系列值"右侧的按钮；在工作表中拖动鼠标选中 C22:C25 单元格区域，此时 X 轴系列值公式为"=本量利分析!$C$22:$C$25"，单击"Y 轴系列值"右侧的按钮，在工作表中拖动鼠标选中 D22:D25 单元格区域，此时 y 轴系列值公式为"=本量利分析!$D$22:$D$25"，单击"确定"按钮，返回"选择数据源"对话框，最后单击"确定"按钮，此时生成散点图，如图 10-14 所示。

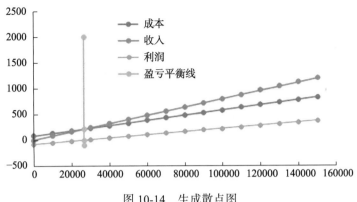

图 10-14　生成散点图

步骤 3：选择图表标题，然后单击鼠标右键，在下拉菜单中选择"编辑文字"，将图表标题命名为"本量利分析图"；点击图表，然后在"图表工具—设计"选项卡的"图表布局"命令组中单击"添加图表元素"下拉选项中"图例"的"顶部"命令；单击"图表工具—格式"选项卡，在"当前所选内容"命令组的"图表元素"下拉列表框中选择"垂直（值）轴"选项；单击"当前所选内容"命令组中的"设置所选内容格式"按钮，打开"设置坐标轴格式"窗格，在"坐标轴选项"区域的"边界"下方"最小值"右侧的文本框中输入"－100"；单击"图表工具—格式"选项卡，在"当前所选内容"命令组的"图表元素"下拉列表框中选择"水平（值）轴主要网格线"选项，打开"设置主要网格线格式"窗格，在"线条"区域选中"无线条"，最后单击"关闭"按钮；经过以上步骤，就完成了本量利分析图的绘制和基本设置，如图 10-15 所示。

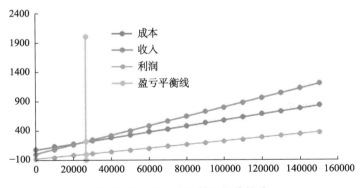

图 10-15　设置水平轴网格线格式

拓展实训

一、实训目的

通过学习本项目的内容，学生能够学会应用 Excel 2016 创建本量利分析基本模型和动态图表本量利分析图表模型。

二、实训资料

1. 宏阳公司 2021 年 1 月份销售数据如下：

	销售量	5000
	固定成本	200000
	单位变动成本	800
	单位售价	1000
	销售总额	
	成本总额	
	利润总额	
	保本点	

2. 宏阳公司销量数据如下：

销量（KG）	成本（万元）	收入（万元）	利润（万元）
0			
15000			
30000			
40000			
50000			
65000			
800000			

已知：宏阳公司产品生产的固定费用为 600000 元，售价 60 元/公斤，单位成本 40 元/公斤。

三、实训要求

1. 根据资料 1，创建本量利分析模型；
2. 根据资料 2，创建盈亏平衡分析表；
3. 根据资料 2，为盈亏平衡分析表添加滚动条窗体；
4. 根据资料 2，绘制本量利分析散点图。

即测即练

参 考 文 献

[1] 孟俊婷. EXCEL 在财务管理中的应用[M]. 上海：立信会计出版社，2010.
[2] 崔婕. EXCEL 在会计和财务中的应用[M]. 北京：清华大学出版社，2008.
[3] 林风. EXCEL 在会计和财务中的应用[M]. 北京：清华大学出版社，2008.
[4] 郑石桥，李玉丽. 关于管理会计研究的若干思考[J]. 财会月刊，2011.
[5] 中国注册会计师协会.财务成本管理[M]. 北京：经济科学出版社，2007.
[6] 吕志明. EXCEL 高级财会应用[M]. 北京：清华大学出版社，2011.
[7] 吴少平. 现代成本管理[M]. 北京：经济管理出版社，2010.
[8] 金光华. EXCEL 在财会管理系统中的应用[M]. 北京：电子工业出版社，2009.

教师服务

感谢您选用清华大学出版社的教材！为了更好地服务教学，我们为授课教师提供本书的教学辅助资源，以及本学科重点教材信息。请您扫码获取。

» 教辅获取

本书教辅资源，授课教师扫码获取

» 样书赠送

会计学类重点教材，教师扫码获取样书

 清华大学出版社

E-mail：tupfuwu@163.com
电话：010-83470332 / 83470142
地址：北京市海淀区双清路学研大厦B座509

网址：http://www.tup.com.cn/
传真：8610-83470107
邮编：100084